ORACIONES DESESPERADAS

para

TIEMPOS DESESPERADOS

JOHN ECKHARDT

CASA
CREACIÓN
Para vivir la Palabra

Para vivir la Palabra

MANTÉNGANSE ALERTA;
PERMANEZCAN FIRMES EN LA FE;
SEAN VALIENTES Y FUERTES.
—1 Corintios 16:13 (NVI)

 Oraciones desesperadas para tiempos desesperados por John Eckhardt
Publicado por Casa Creación
Miami, Florida
www.casacreacion.com
©2018-2023 Derechos reservados

Library of Congress Control Number: 2018948107
ISBN: 978-1-62999-396-6
E-book ISBN: 978-1-62999-397-3

Desarrollo editorial: *Grupo Nivel Uno, Inc.*
Adaptación de diseño interior y portada: *Grupo Nivel Uno, Inc.*

Publicado originalmente en inglés bajo el título:
Desperate Prayers for Desperate Times
Publicado por Charisma House
600 Rinehart Road, Lake Mary, Florida 32746
Copyright © 2018 John Eckhardt
Todos los derechos reservados.

Visite la página web del autor: www.johneckhardt.global

Nota de la editorial: Aunque el autor hizo todo lo posible por proveer teléfonos y páginas de internet correctos al momento de la publicación de este libro, ni la editorial ni el autor se responsabilizan por errores o cambios que puedan surgir luego de haberse publicado.

Impreso en Colombia

23 24 25 26 LBS 9 8 7 6 5 4 3 2 1

CONTENIDOS

LA ORACIÓN DEL DESESPERADO PUEDE MUCHO

Los ojos de Jehová están sobre los justos, y atentos sus oídos al clamor de ellos. La ira de Jehová contra los que hacen mal, para cortar de la tierra la memoria de ellos. Claman los justos, y Jehová oye, y los libra de todas sus angustias. Cercano está Jehová a los quebrantados de corazón; y salva a los contritos de espíritu. Muchas son las aflicciones del justo, pero de todas ellas le librará Jehová.

—SALMO 34:15–19

Todos atravesamos tiempos difíciles, algunos más desesperantes que otros. A veces, miramos la vida de otros y pareciera que las cosas van bien, pero incluso ellos tienen problemas. Ninguno de nosotros está exento. Como dice la Biblia, Él "hace llover sobre justos e injustos" (Mateo 5:45), y lo que padecemos es común entre todas las personas (1 Corintios 10:13). Sin embargo, como creyente, usted tiene una ventaja especial. Por causa de Jesús, usted puede acercarse confiadamente al trono de Dios y encontrar ayuda en su tiempo de necesidad. No tiene que esperar a que le den permiso. No tiene que esperar para que alguien ore por usted. Puede ir por sí mismo ante Dios y pedir su gracia, favor, consuelo, estrategia, ayuda, sabiduría, ánimo y respuestas. Y lo que he venido a decirle es que cuando usted ora, Él lo escucha. Él vendrá y responderá y le librará de todos sus problemas.

Pero esto es algo que usted ya sabía. Si escogió este libro es porque está enfrentando una época de su vida como ninguna otra. Quizá nunca haya visto tiempos como este. Lo que está enfrentando es algo que aparece en su lista de peticiones día tras día, mes tras mes, y año tras año. Usted sabe que Dios lo escucha; sin embargo, de alguna manera, la respuesta, el avance, la liberación no ha llegado, y usted se desespera más por el día en que ha de escuchar la respuesta de Dios.

Han pasado algunos años desde la última vez que escribí un libro sobre la oración, pero ya que soy pastor y viajo por el mundo, me he familiarizado con las oraciones de los santos. Las oraciones y clamor de la gente de Dios, de todas partes del mundo, para que Dios intervenga por ellos, me han motivado a escribir este libro, y oro para que sea una herramienta y un material que podamos usar para darnos la victoria en nuestros tiempos más desafiantes y difíciles.

Para algunos de nosotros, pareciera que hay problemas por todas partes: enfermedades crónicas, problemas financieros, adicción, abuso, problemas interpersonales y seres queridos alejados de Dios. También oramos por productividad, crecimiento y aumento en nuestro llamado y ministerio; y no solo por nuestro beneficio. Tenemos la carga de proyectar la gloria y la majestuosidad de Dios en nuestra vida a fin de impactar al mundo que nos rodea. Sabemos que cuando Dios trae libertad y bendición a nuestra vida, entonces podemos ser de bendición para los demás. Así que oramos, día tras día, mes tras mes y año tras año, pidiendo, buscando y tocando.

¿CUÁL ES LA DEMORA?

Si estamos conscientes de que Dios conoce nuestras necesidades aun antes de que nosotros oremos por ellas y que si Él escucha nuestras oraciones tenemos lo que hemos pedido, ¿cuál podría ser la demora en esta área en particular por la que ha estado orando por tanto tiempo? ¿Dónde está la brecha? ¿Dónde está la manifestación? ¿Dónde está el crecimiento? ¿Dónde está el fruto? ¿Dónde está la sanidad?

En este libro, veremos varios escenarios que podrían aplicarse a su posición en Dios en este tiempo de desesperación. Por supuesto, la mayor parte del retraso en la oración tiene que ver con fuerzas demoniacas. Luego, hay otras circunstancias como cuando hemos tomado malas decisiones y tenemos que lidiar con las consecuencias. Y en otros casos, Dios está retrasando nuestro avance a fin de llevarnos a un lugar donde podamos manejar lo que Él está tratando de hacer en nuestra vida.

Para revelar lo que Dios podría estar haciendo en su vida, tenemos que observar la vida de Ana. En su tiempo de desesperación, angustia y tormento al orar por un hijo, Dios la estaba guiando a hacer un voto. Veremos al pueblo de Israel y lo que Dios tenía que hacer en su vida antes de que cruzaran el Jordán y entraran a la Tierra Prometida. Luego, vamos a explorar el reinado del rey Josías y lo que Dios necesitaba limpiar en la tierra antes de que el templo fuera restaurado para que funcionara totalmente y cumpliera su propósito. Además, veremos lo que sucede en el cielo cuando las oraciones de los santos alcanzan el punto de inflexión y cómo esas oraciones son fundamentales para llevar alivio en los tiempos de desesperación por todo el mundo.

LA BENDICIÓN DE LA DESESPERACIÓN

Lo crea o no, hay bendiciones que vienen en las épocas de desesperación. Sin esas épocas, no hubiésemos podido desarrollar la fortaleza espiritual y el carácter que necesitamos para soportar el peso de la gloria de Dios. Tampoco tendríamos la profundidad de la unción necesaria para ministrar a los demás y llevar la gloria de Dios a las naciones.

Dios desea traer restauración y avivamiento a cada aspecto de nuestra vida. Además, el plan máximo de Dios es llenar la tierra con su gloria. Y me encanta que nuestras oraciones desesperadas sean lo que provoca que todo ello suceda.

Si usted está desesperado por la respuesta añorada de Dios a una oración, si siente que Dios le ha olvidado, y si parece que su destino, sueños, propósito y visión están detenidos o no se manifestarán, quiero animarlo a que no ceda ante la voz del enemigo. Dios sí escucha sus oraciones. Él responderá. Él le ayudará. Él lo libertará y hará que sus planes se lleven a cabo en su vida. Siga pidiendo. Siga buscando. Muchas veces, cuando usted está en su punto más bajo es cuando está más cerca de su milagro más grande.

ESTRATEGIAS DE ORACIÓN PARA TIEMPOS DESESPERADOS

Este libro le mostrará cinco estrategias principales de oración que aparecen en la vida de hombres y mujeres de Dios que se sentían contra la pared. Ellos hicieron oraciones que obtuvieron resultados y, a través de sus tiempos de desesperación, aprendieron a hacer lo siguiente:

1. Desespérese aún más. No le oculte sus sentimientos a Dios. Vaya a la casa de Dios, la casa de adoración y derrame su corazón ante Él. Recuerdo el tiempo en que el rey David dijo: "y me rebajaré más todavía, hasta humillarme completamente" (2 Samuel 6:22, NVI), en respuesta a la crítica de su esposa por sus acciones en la presencia del Señor. No permita

que la gente le diga que toda esa oración y adoración, clamor y danza no es necesaria para obtener la atención de Dios. A veces, usted necesita clamar en alta voz para que Dios pueda escucharlo por encima de la multitud y para que Él se acerque y le pregunte: "¿Qué quieres que haga por ti?", (vea Lucas 18:35–43).

2. Persevere. No se rinda ni ceda a las burlas y los tormentos del enemigo. Continúe insistiendo y orando. Sus oraciones alcanzarán el punto de inflexión en el cielo, y los ángeles serán enviados para actuar por usted en los lugares celestiales.

3. Busque la presencia de Dios. A medida que usted busca a Dios, Él le revelará la verdad de su palabra. Él le dará dirección sobre las cosas que necesitan limpiarse en su vida para que pueda ser restaurado y reanimado.

4. Hágale una promesa a Dios y cúmplala. Todo lo que Dios hace por su pueblo se basa en un pacto. Los fieles reciben la bendición de su pacto en lugar de las maldiciones. Reconciliarse con Dios es una manera de que las bendiciones del cielo sean derramadas sobre su vida.

5. Profetice. Mientras va saliendo del desierto y Dios trae liberación como respuesta a sus oraciones, usted se llenará de gozo y alegría. Su fe alcanzará nuevos niveles, y usted empezará a creer en Dios más allá de lo que Él ha hecho por usted. Empezará a tener visiones del favor y la misericordia de Dios; pero, más que nada, verá la gloria del Señor alcanzando los confines de la tierra. Empezará a creer que los tiempos desesperados que enfrentamos como planeta serán erradicados.

También he incluido oraciones y declaraciones al final de cada capítulo para ayudarle a orar por lo que el Señor le revela sobre las estrategias presentadas. Lo que usted querrá desarrollar más que nada en su vida como creyente es su vida de oración. La oración es la manera principal en la que le hablamos a Dios y lo escuchamos. Es la puerta hacia la adoración, profecía, dirección, sabiduría y mucho más. Este libro le ayudará a volverse más fuerte en la oración sin importar las situaciones que enfrente en la vida.

LAS ORACIONES DESESPERADAS LE CONCEDEN LA ÚLTIMA PALABRA SOBRE EL ENEMIGO

Cuando las opciones se agotan y todo a lo que se aferraba ha fallado, Dios se hace presente. Él escucha nuestro clamor. Él no ha olvidado lo que le prometió. Él nunca abandona al desesperado. Sus días de llanto terminaron.

Sin importar dónde se encuentre en su vida, cuán mal parezcan las cosas o en qué situaciones se encuentra, estoy aquí para decirle que usted profetizará de nuevo. Usted tendrá la última palabra sobre el enemigo.

Dios es el mismo ayer, hoy y siempre. Él no nos dio las historias de la Biblia como cuentos para dormir. Nos las dio para edificar nuestra fe en lo imposible y para que podamos declarar: "Si Dios lo hizo por Ana, Oseas, David, el pueblo de Israel y el mendigo ciego al lado del camino, ¡Él lo hará por mí!".

A Dios le gusta callar al diablo. A Él no le gusta cuando el diablo y la maldad atormentan la vida de su pueblo. Él es justo y santo y destruirá el poder del enemigo. Cuando Dios lo ve a usted en una situación desesperada, Él lo ve con misericordia y compasión. Él sana al afligido. Él levanta al caído. Él protege a los desvalidos y hambrientos. A aquellos que son débiles, Él les dice: "Yo te daré mi fortaleza".

Este libro es para las personas desesperadas que están en situaciones desesperantes y que no pueden continuar si Dios no aparece y hace rápidamente algo milagroso. Es mi oración que lo que usted lea en los próximos capítulos le dé lo que necesita para continuar, persistir y creer más en los milagros que Dios hará como respuesta a esta temporada que está enfrentando. Deje que Dios haga su obra en usted para que pueda experimentar un nivel de bendición que superará los problemas que usted vencerá.

Capítulo 1

SU NOMBRE ES FAVOR

> Y se levantó Ana después que hubo comido y bebido en Silo; y mientras el sacerdote Elí estaba sentado en una silla junto a un pilar del templo de Jehová, ella con amargura de alma oró a Jehová, y lloró abundantemente. E hizo voto, diciendo: Jehová de los ejércitos, si te dignares mirar a la aflicción de tu sierva, y te acordares de mí, y no te olvidares de tu sierva, sino que dieres a tu sierva un hijo varón, yo lo dedicaré a Jehová todos los días de su vida, y no pasará navaja sobre su cabeza.
>
> —1 Samuel 1:9-11

Ana es una de las mujeres más reconocidas en la Biblia. Se le recuerda como una mujer maravillosa y como la madre de uno de los más grandes profetas de Israel. Sin embargo, antes de que fuera reconocida en la historia, su situación parecía desalentadora. En ese tiempo, en la cultura hebrea, al igual que en muchas culturas hoy día, se creía que una mujer era bendecida si tenía un gran número de hijos. Si no era fértil, esa era una señal de que no era bendecida. Elcana, esposo de Ana, tenía dos esposas. Penina, su otra esposa sí tenía hijos, mientras que Ana no. En su comunidad, Ana era considerada una fracasada, olvidada o maldecida por Dios.

Para empeorar las cosas, Penina atormentaba y se burlaba de Ana porque ella no tenía hijos. El adversario de Ana era la otra esposa. ¿Se imagina? Tener que compartir a su esposo con otra mujer no es una situación ideal para ninguna mujer. Me imagino que a la mayoría de las mujeres les sería difícil que su esposo llegara a casa con una segunda esposa. La respuesta no solamente sería "¡ay, no!", "ella viene a vivir aquí". Seguramente sería algo como: "Tú, ¡te vas!". Sin embargo, en el tiempo de Ana, era muy común que un hombre rico tuviera más de una esposa. David tuvo muchas esposas, ocho de ellas están nombradas en la Biblia.[1] Su hijo, Salomón, tuvo setecientas esposas y trescientas concubinas, ¡mil mujeres (1 Reyes 11:3) ¡Con razón se volvió loco![2]

Como podemos ver en muchas historias de la Biblia, cuando hay más de una mujer involucrada en una situación matrimonial y una de ellas no puede tener hijos, hay muchos celos, burla y conflicto. Piense en las historias de Raquel y Lea (Génesis 29:31–30:24) y de Sara y Agar (Génesis 16:1–9; 21:9–12). En estos casos, y aun en nuestros tiempos modernos, la vergüenza de ser estéril era abrumadora. Aquí es donde entramos en la historia de Ana.

CUANDO SU VIDA NO SE PARECE A SU NOMBRE

Lo interesante sobre Ana es que, a pesar de lo que estaba sucediéndole en lo natural, su nombre tenía un nombre especial en el espíritu. En hebreo su nombre significa "gracia", y se deriva de otra palabra hebrea: *chanan* que significa "favor" o "favorecida".[3] En el hebreo, el nombre de Ana, que significa "gracia", es una variación del nombre de la profetiza que se cita en el Nuevo Testamento. Ana, la profetiza, también oraba y ayunaba día y noche en el templo, profetizando sobre el nacimiento de un niño: Jesús, a quien también se le llamaba el gran Profeta (Lucas 7:16), así como a Samuel. Los nombres de ambas mujeres significan: "gracia" y "favor".

Solo para recordarle, tanto en el hebreo como en el griego, las palabras traducidas como "gracia" están conectadas con la aceptación, la bondad amorosa, la buena voluntad y misericordia de Dios que nos han sido dadas.[4] También se usan en conexión con la facultad especial que, como creyentes, hemos recibido del Espíritu Santo para realizar ciertas habilidades que atraen a las personas al reino de Dios. Las llamamos "dones del Espíritu" (vea 1 Corintios 12). La palabra griega para "dones" en este contexto es *carisma*, que significa "gracia divina".[5]

La gracia está estrechamente ligada al favor.

Favor se define como "aprobación, apoyo o agrado por algo o alguien; un acto de bondad por encima de lo que se debe o es habitual; sentir o mostrar aprobación o preferencia; (muchas veces usado en peticiones respetuosas) darle a alguien (algo deseado)".[6] Significa "dar especial consideración a algo o alguien; tratar con bondad; mostrar una amabilidad especial a alguien. A veces, significa mostrar amabilidad adicional en comparación al trato de los demás; eso es, tratamiento preferencial".[7] Favor también es "consideración amistosa mostrada hacia otro especialmente por parte de un superior; amabilidad; un acto de amabilidad; ayudar, asistir".[8] Para un cristiano, recibir el favor de Dios es lo que Él nos concede o nos da.

Cuando alguien usa su poder, influencia, posición, riqueza, autoridad y palabras para ayudarlo y bendecirlo, eso es favor; y no depende de nada que usted haya hecho. El favor es inmerecido, lo que significa que no lo merece, pero, de todas maneras, se lo dan. Dios es un Dios de favor; Él ama a su pueblo sencillamente porque Él es un buen Padre.[9]

Lo que sabemos de Ana y, después de entender lo que significa la gracia y el favor, es extraño encontrar a Ana en 1 Samuel 1 al inicio de su historia, cuando ella no está sintiendo ni la gracia ni el favor. Dese cuenta de que, durante este tiempo, la gente nombraba a sus hijos de acuerdo con lo que sucedía al momento de su nacimiento o con un conocimiento especial de su carácter. Por lo tanto, podemos concluir que la gracia y el favor eran la esencia de la identidad de Ana. Su padre o madre vio que la gracia era parte de lo que ella era o sería. Ella era favorecida por Dios. Su gracia iba a estar en su vida.

Sin embargo, al principio de 1 Samuel 1, no parece como que Ana estuviera experimentando la gracia o favor de Dios ya que su matriz estaba cerrada. Ella no tenía hijos. Imagino a Ana diciendo: "Mi nombre es favor, pero pareciera como que Dios no me ha favorecido. Aquí está otra mujer que tiene hijos y me atormenta". Desde su perspectiva, este no era el favor de Dios que ella estaba supuesta a experimentar.

Así que, ¿qué hace usted cuando parece que no está viviendo de una manera que refleje el nombre que le pusieron o, quizá más relacionado a nosotros en este tiempo, el llamado de Dios sobre su vida? Usted es escogido, llamado, ungido y está en un pacto con Dios. Es el favorecido del Señor. Su favor, gracia y bendición debería ser aparente en su vida. Sin embargo, usted se encuentra así: sin productividad, fruto, incremento ni multiplicación. Su nombre es Ana. Su nombre es favor. Su nombre es gracia. No obstante, no hay demostración de favor ni gracia de Dios en su vida. Parece que todo en su vida es lo opuesto de lo que debería ser. Y, para empeorar las cosas, el enemigo se burla de usted y lo atormenta. Esta era la condición de Ana. El diablo estaba usando a Penina para burlarse, reírse y atormentar a Ana.

Penina es un ejemplo de cómo el diablo habla a través de las personas y hace que sean crueles. Bajo su influencia, la gente no tiene compasión y puede ser muy arrogante y despiadada. Penina decía: "Mírame. Tengo muchos hijos. Mírate: no tienes nada. Eres estéril". A veces, cuando usted está en una mala situación, la gente le dice cosas sin darse cuenta de que está siendo usada por el enemigo.

Tenga cuidado de no ser una Penina

A veces, somos las Peninas en la vida de los demás. Esperamos y oramos por deseos similares a los de Ana, pero no nos damos cuenta de que la amargura se ha instalado en nosotros debido a nuestra esperanza postergada. O, quizá, ya hemos recibido nuestro milagro, pero hemos olvidado cómo fue el tiempo de espera.

Cualquiera que sea su posición, tenga cuidado de no burlarse y de no despreciar a la gente que está atravesando por eso. Podría terminar mirándolos hacia arriba cuando Dios lo saque del lugar bajo hacia el lugar alto. Tenga cuidado de quién se ríe. A veces, el orgullo hace que, aquellos de nosotros a los que nos va bien, nos riamos de otros que no parecen ser bendecidos y decimos que ellos son unos "don nadie". Sin embargo, Dios es quien pesa las acciones y los corazones de las personas.

¿Sabe qué más aprendí de esta historia después de haberla leído y estudiado muchas veces? A pesar de la burla, el tormento y la risa —todo lo que el enemigo trata de hacer para mal— Dios puede cambiarlo todo para su bien. Me encanta eso de Él. Él toma a los "don nadie", aquellos de quienes el diablo se ríe, aquellos a quienes el diablo desanima, quienes sienten que son perdedores y que no hay esperanza, y aquellos que sienten que nunca serán nada y que rendirse es la mejor opción, Dios toma esas personas en especial, cambia su situación y les da un milagro.

ES TIEMPO DE RECLAMAR SU NOMBRE

En el proceso, hay un punto donde usted puede cansarse de estar creyendo en fe contra los ataques del enemigo. La Biblia dice que Ana tenía "amargura de alma" (1 Samuel 1:10) por las acusaciones de fracaso que escuchaba constantemente. Lo que significa que ella estaba en una depresión profunda. Estaba abatida. Su corazón estaba lleno de dolor. Ella estaba triste y profundamente angustiada, y no podía deshacerse de esos sentimientos.

¿Alguna vez le han dicho que simplemente se deshaga de eso, y usted lo intenta, pero no puede? Quizá le dicen: "Sé fuerte. No te preocupes. Todo va a salir bien. Confía en Dios". Y quizá usted sí confía en Dios, pero aún tiene amargura de alma por su estado actual. Claro que no ayuda que el enemigo permanezca echándole en cara que usted es un fracaso y que es estéril. Y no olvidemos que usted está consciente de su llamado en medio de la adversidad. Su nombre es favor, pero en esta época, su vida no está alineada con ese nombre.

Quiero animarle con algo a lo que creo que Ana se aferró a pesar de sus sentimientos: Dios no la había olvidado, y Dios no lo ha olvidado a usted. Pareciera que Dios está bendiciendo a todos excepto a usted, incluso a los injustos. Usted sirve, diezma, adora, ora, profetiza, habla en lenguas, corre de arriba para abajo del pasillo y ondea banderas. Tiene la espada del Espíritu y está echando fuera demonios. Levanta sus manos. Se da la vuelta para decirle a cinco personas "Tengo la victoria". Vive limpiamente. Resiste la tentación. No se ha apartado de Dios. Hace todo lo que sabe hacer, pero parece que no se abre una brecha en su vida. Sin embargo, Dios tiene un plan. Por un tiempo, Dios deja que el enemigo piense que usted va a perder, pero así como lo hizo con su Hijo, Él hará que sus sueños y deseos resuciten con todo un nuevo nivel de poder.

Recuerde, en el espíritu, su nombre exacto es favor, y es tiempo de reclamar su nombre. Aunque parezca que no hay favor en su vida y que las cosas no cambian, si usted clama al Señor, Él le responderá. Si pide, recibirá. Si busca, encontrará. Si llama, se le abrirá.

Yo creo que cuando la Biblia dice: "Y se levantó Ana..."
(1 Samuel 1:9), fue allí cuando ella recuperó la valentía y la
fuerza para ir tras lo que sabía que le pertenecía. En 1 Samuel
1:7–11 podemos ver cinco acciones específicas que Ana tomó
para reclamar la promesa de su nombre y liberar un nuevo
nivel de fertilidad en su vida. Estas son las acciones que usted
también necesitará tomar.

1. No se rinda

Este hombre [Elcana] subía todos los años de su ciudad para adorar y ofrecer sacrificio al Señor de los
ejércitos en Silo.... Y su rival [Penina] la provocaba
amargamente para irritarla [a Ana], porque el Señor
no le había dado hijos. Esto sucedía año tras año;
siempre que ella subía a la casa del Señor, la otra
[Penina] la provocaba. Y Ana lloraba y no comía.

–1 Samuel 1:3, 6–7 LBLA,
[corchetes añadidos]

La Biblia dice que, cada año, Ana, Elcana y Penina iban al
templo a ofrecer sacrificios. Cada año, Ana seguía sin hijos.
Cada año, Penina la atormentaba, y cada año, Ana presentaba ante el Señor su petición por un hijo. Ana no se rindió.
Previamente, discutimos cómo es sentirse agobiado por la arre-
metida de ataques del enemigo combinada con el sentimiento
de que sus oraciones no sean contestadas. Mencioné brevemente que Dios tiene un plan para nosotros. Muchas veces, perdemos la perspectiva en medio de la batalla. A veces, la batalla
es larga y queremos rendirnos. Eso es lo que el enemigo quiere que usted haga. Él espera que usted se canse y renuncie. Él
quiere que nosotros dudemos de Dios. Él quiere que nos des-
animemos de nuestro poder y autoridad sobre él. Quiere que

perdamos de vista la realidad que, a través de Cristo, nosotros ya tenemos la victoria.

Creo que Dios le va a dar un nuevo nivel de fortaleza y valor para soportar. Podría estarse preguntando por qué Dios permitiría que usted pasara por una época difícil. Según mi experiencia, Dios nos permite atravesar ciertas épocas por un período de tiempo a fin de enseñarnos a luchar. La Biblia dice que Dios adiestra nuestras manos para la guerra (Salmo 144:1). En épocas como en la que Ana se encontraba, aprendemos lecciones valiosas de persistencia y fe. Dios quiere que aprendamos a permanecer en Él en el poder de su fuerza (Efesios 6:10). Como dice el dicho, en cada nivel nuevo al que Él le lleva hay un nuevo nivel de oposición demoniaca. Algunos de los hombres y mujeres de Dios a quienes admiramos, gigantes en la fe tuvieron que superar dificultades significativas para llegar al lugar donde los vemos.

Esta es una lección fundamental en la historia de Ana: Ella no se rindió. Año tras año, en la faz del escarnio, la burla y la acusación, ella continuó en su búsqueda de lo que sabía que el Señor quería para su vida.

2. Ayune

Primera Samuel 1:7–8 [LBLA] dice: "Esto sucedía año tras año; siempre que ella subía a la casa del Señor, la otra [Penina] la provocaba. Y Ana lloraba y no comía. Entonces Elcana su marido le dijo: 'Ana, ¿por qué lloras y no comes?'".

En mi libro *El pacto de Dios con usted para su rescate y liberación,* hablo de las veces cuando estamos en una guerra prolongada contra demonios tercos.[10] Infertilidad, esterilidad, improductividad y bajo rendimiento —tanto en lo natural como en el espíritu— son demonios tercos que pueden acosar a una persona año tras año, como lo hicieron con Ana. Tal como sugiere la Palabra de Dios, deberíamos tomar en serio los ataques de los espíritus demoníacos, así como lo hizo Ana. Ella vio que esos demonios venían a robar la semilla de la palabra del Señor sobre su vida, así que entró en una temporada de ayuno. Ella no comió. Quizás vio que a lo que se enfrentaba "con nada puede salir, sino con oración y ayuno" (Marcos 9:29).

Estoy consciente de que esta parte de su situación podría leerse como si sugiriera que ella no comía porque estaba tan agobiada por su condición. Sin embargo, creo que el Señor puso esto aquí para que pudiéramos tomar ambas interpretaciones de la historia de Ana y darnos cuenta de que, si queremos ver a un demonio tan terco como la infertilidad apartado de nuestra vida, tenemos que apartarnos de la mesa, sacrificar una o dos comidas (o la cantidad necesaria) estar a solas con Dios y orar.

El ayuno tiene una manera de humillar a nuestra carne y permitir que el Espíritu de Dios surja dentro de nosotros. Cuando nos humillamos ante Él y esperamos nuestra victoria, su gracia puede ser nuestra fortaleza. La Biblia dice que: "Dios resiste a los soberbios, y da gracia a los humildes" (Santiago 4:6).

Ana estaba en su punto más bajo, y se humilló aún más cuando ayunó. Ella se estaba colocando a sí misma para ser restaurada a vivir según el significado total de su nombre. Ella se estaba poniendo en posición para que la gracia y el favor de Dios fuera liberado en su vida.

3. Adore y llore

Una vez, después de comer lo que fue ofrecido como sacrificio en Silo, Ana se levantó y fue a orar. El sacerdote Elí estaba sentado en su lugar de costumbre junto a la entrada del tabernáculo. Ana, con una profunda angustia, lloraba amargamente mientras oraba al Señor.

–1 Samuel 1:9–10, NTV

La palabra *tabernáculo* en este versículo significa también "templo" o "santuario", por lo cual usted lo ve traducido de manera diferente según la versión bíblica que lea.[11] El santuario de Dios, el templo o la casa del Señor es el lugar donde habita su presencia. Si sabe algo de estar en la presencia de Dios, entonces sabe que puede venir quebrantado, angustiado y en una profunda "amargura de alma" (versículo 10) y sabe que se encontrará con la gloria milagrosa de Dios.

La alabanza es la entrada a la gloria de Dios, y hay muchas maneras de adoración. Algunas incluyen el derramar lágrimas y súplicas profundas a medida que nos acercamos reconociendo la grandeza de Dios y que Él es todopoderoso y omnisciente. Veo esto demostrado en la adoración *Barak*, la cual se expresa por medio de arrodillarnos e inclinarnos ante el Señor, clamando por su rescate.[12] (Vea Salmo 72:12–15.)

Muchas veces, a la alabanza se le equipara con el gozo; sin embargo, a veces, en nuestros momentos más oscuros, tenemos que elegir entrar a la presencia de Dios sin importar cómo nos sentimos. En un artículo titulado *"Weeping in Worship* [Llorar en adoración]", Emily Bernhardt dice:

> Adorar tiene el poder para tocar gentilmente un lugar sangrante, profundo, de dolor desesperado en nosotros en una manera que activa una esperanza perseverante en nuestra mente y en nuestro espíritu en medio de ese dolor. Solamente la adoración nos capacita para levantar nuestros ojos por encima de una tristeza profunda, para verlo a Él en vez de eso. Verlo a Él nos recuerda su carácter, bondad y promesas, lo que nos lleva al gozo; un tipo de gozo que sobrepasa todo entendimiento y supera hasta a las mayores profundidades de nuestro pesar y dolor.[13] [Traducción libre].

En épocas como esta, nuestro reconocimiento del lugar de Dios sobre nuestros problemas y acercarnos a Él estando conscientes de ello es adoración. Ana adoró, lloró y clamó al Señor en su santo templo. Ella llegó a la casa del Señor y le dio a conocer su petición porque ella sabía que Él era el único que tenía el poder para rescatarla.

Podemos contar con que la gloria de Dios es el lugar donde hay sanidad para todas nuestras enfermedades, restauración de la desolación del enemigo y hasta productividad para la esterilidad. Ana tenía una relación con Dios y sabía que, si ella quería ver sus esperanzas y sueños cumplidos, tenía que entrar a la presencia del Señor.

Por eso me emociona ir a la casa de Dios cada semana. El derrame de la gloria de Dios en su santuario es una de las cosas más milagrosas e inspiradoras que podemos experimentar como creyentes. La oportunidad que tenemos para experimentar la gloria y la presencia de Dios en su templo es suficiente validación para los versículos que nos animan a no "dejar de congregarnos" (Hebreos 10:25). Yo sé que hay quienes sienten que no tienen que venir a un edificio físico para adorar, y eso está bien. Sabemos que debido a la venida del Espíritu Santo (Hechos 2) ahora nosotros mismos somos templos (1 Corintios 6:19). Sin embargo, no pasemos por alto el poder de Dios que se libera en la adoración corporativa en una iglesia viva y llena de su gloria.

Si usted ha estado luchando en oración y desea ver un avance tremendo en su vida, vaya a una iglesia que no impida el fluir de la presencia y la gloria de Dios y empiece a clamar a Dios, reconociendo su poder, majestad y gloria.

4. Ore

Ella…oró a Jehová.

–1 Samuel 1:10

Como parte de su adoración y en medio de su llanto, Ana oró. Filipenses 4:6–7 dice: "Por nada estéis afanosos, sino sean conocidas vuestras peticiones delante de Dios en toda oración y ruego, con acción de gracias. Y la paz de Dios, que sobrepasa todo entendimiento, guardará vuestros corazones y vuestros pensamientos en Cristo Jesús". Ana no iba solamente tras lo que deseaba; también buscaba la paz. Año tras año había sido desanimada y humillada. La ansiedad pudo haber intentado hacer que ella se enfocara en Penina y en lo que no tenía, pero Ana se mantuvo firme en poner sus peticiones ante el Señor.

La Biblia dice que cuando Ana oraba, sus labios se movían, pero no salía ningún sonido, y que el sacerdote pensó que estaba ebria (1 Samuel 1:13). Ella le hizo saber que no estaba ebria; sin embargo, después de haber derramado su alma ante el Señor en tanta aflicción por tanto tiempo como lo hizo, yo me imagino que ella ya no tenía muchas palabras para más. Ahora, ella oraba solamente desde lo profundo de su ser, desde un silencioso lugar de desesperación.

Sabemos que Dios escucha lo que la gente no puede oír. No cualquiera escuchará su clamor más profundo cuando usted está en tal angustia que ni siquiera sabe qué decir. Dios no necesita palabras. Dios mira el corazón. Y cuando Dios ve su condición, Él llega y le responde.

5. Haga un voto de rendición

Cuando parece que todo está yendo mal y usted no tiene fuerza, gozo o poder, es cuando Dios dice: "Ahora, puedo entrar con mi fuerza y poder. Ahora, puedo hacer por ti lo que no puedes hacer por ti mismo". Nuestro Dios es un Dios de milagros. Nuestro Dios es el Dios del avance. Nuestro Dios es un Dios que no despreciará su condición si clama y se rinde a Él.

Hablaré del porqué este es uno de los aspectos más significativos de la historia de Ana en el siguiente capítulo, ya que está ligado a estar en un lugar de desesperación, pero quiero mencionarlo aquí porque este fue el último paso que Ana dio justo antes de que el hombre de Dios pronunciara una bendición sobre ella de que Dios le concedería su petición (versículo 17). Ella le hizo un voto a Dios, si Él le daba un hijo, ella se lo entregaría a Dios.

> E hizo voto, diciendo: Jehová de los ejércitos, si te dignares mirar a la aflicción de tu sierva, y te acordares de mí, y no te olvidares de tu sierva, sino que dieres a tu sierva un hijo varón, yo lo dedicaré a Jehová todos los días de su vida, y no pasará navaja sobre su cabeza.
>
> —1 Samuel 1:11

A veces, una de las cosas más poderosas a su alcance es hacer un voto ante Dios y cumplirlo: "Dios, si haces esto por mí, te serviré. Te adoraré todos los días de mi vida". Nunca haga un voto y olvide cumplir su promesa cuando Dios le concede su petición. La desesperación de Ana era igualada por su gratitud a Dios cuando Él le concedió su petición. Ella cumplió su voto y dio a luz a uno de los profetas más grandes que Israel haya conocido. Ella recibió la respuesta a sus oraciones, e Israel experimentó uno de los movimientos proféticos más grandes de su historia. Durante setenta años antes de que Samuel apareciera en escena, Israel no había oído de Dios. A través de la oración, Ana no solo recibió lo que quería; sino que, además, abrió un portal hacia los lugares celestiales como nunca se ha visto.

Al hacer estas cinco cosas, Ana atrajo el favor de Dios a su vida como un imán. Buscar a Dios y lo que Él tiene para usted sin rendirse; ayunar, lo cual trae humildad; adorar; orar; y hacer un compromiso de sumisión y obediencia abre los cielos para que el favor de Dios regrese a su vida. Los llamo imanes de favor. Otras formas en que usted puede empezar a atraer el favor a su vida incluyen: vivir en integridad, generosidad, otorgar misericordia, ejercitar la sabiduría, habitar en la gloria de Dios, involucrarse en la alabanza y adoración y vivir con humildad, fe y rectitud. Medite en esas acciones. Investigue cómo Ana las demostraba. Luego, pídale a Dios sabiduría y valor para llevarlas a cabo en su vida.

USTED PROFETIZARÁ DE NUEVO

Primera Samuel 2 es la declaración profética a las naciones que Ana hace sobre la fidelidad de Dios. Dios había abierto su matriz, y ella tuvo un hijo, tal como lo deseaba. Así que ahora, en 1 Samuel 2:1, ella empieza a testificar y a proclamar la bondad del Señor y su fidelidad para librar a su pueblo de sus problemas. Ella dice: "Mi corazón se regocija en Jehová, mi poder se exalta en Jehová; mi boca se ensanchó sobre mis enemigos, por cuanto me alegré en tu salvación". La versión *Las Américas* lo pone de esta manera: "mi boca sin temor habla contra mis enemigos, por cuanto me regocijo en tu salvación". En otras palabras, usted tendrá la última palabra. El enemigo ha estado hablando y hablando, pero Dios está por darle un lugar de victoria y autoridad, donde su boca será ensanchada sobre sus enemigos.

Escuche, Dios no pone estas historias en la Biblia a fin de entretenernos. Dios quiere mostrarnos el registro de su fidelidad de una generación a otra. Su Palabra y los testimonios de los santos lo demuestran. Él dice: "Ahora soy el mismo Dios que fui. Aún hago milagros, y puse la historia de Ana en mi Palabra para que puedas leerla y recibas ánimo".

A Dios no le gusta lo feo

Vea 1 Samuel 2:2. Empieza con: "No hay santo como Jehová". Este versículo señala una de mis cosas favoritas sobre Dios: Él es justo. Su justicia no permitirá que las personas sean maltratadas sin que haya consecuencias. No está en la Biblia, pero mi madre solía decir: "A Dios no le gusta lo feo". Es cierto. A Dios no le gusta cuando nos maltratamos unos a otros. Cuando usted piensa en lo que ha atravesado y las personas que conoce, que fueron como Penina para Ana, sepa que Dios está observando y que a Él no le gusta lo que está sucediendo. Así que, en esencia, Él dice: "No solo te liberto por ser tú. Además, lo hago porque no me gusta lo que el enemigo te ha hecho. Te ha intimidado. Ha estado reprochándote".

Cuando Dios ve gente que ha sido golpeada, humillada y atormentada, Él lo toma de manera personal. Él dice: "Yo seré tu defensor. Seré tu Salvador. Seré tu libertador. Yo me haré presente cuando tu no puedas luchar tu propia batalla. Yo digo: 'La batalla no es tuya; me pertenece a mí'. Yo apareceré y trataré con tu situación solo para callar al enemigo". Dios quiere callar al diablo. Debido a que Él es santo y justo, Él odia la maldad, la crueldad, el pecado y el orgullo.

Ana profetizó precisamente sobre este atributo de Dios que se manifestó en su situación. En el versículo tres, ella profetizó a quienes son orgullosos y arrogantes: las Peninas del mundo. Ana pronunciaba la palabra del Señor, diciendo: "No os jactéis más con tanto orgullo, no salga la arrogancia de vuestra boca; porque el Señor es Dios de sabiduría, y por Él son pesadas las acciones" (LBLA). Ya que Penina tenía algunos hijos, ella pensó que era alguien especial. Pensó que era mejor que Ana. Pensó que ella era lo mejor que le había sucedido a su esposo. Sin embargo, Dios vio su orgullo y la manera en que trataba a Ana, y Ana sabía que Dios iría delante de ella para hacer justicia en su favor. En el versículo 4, ella declara: "Quebrados son los arcos de los fuertes" (LBLA). En otras palabras, Dios es un Dios que puede poner fin al poder de los orgullosos.

Lo maravilloso de lo que Ana estaba haciendo es que ella no solamente profetizaba sobre su propia situación. Ella estaba dando una palabra para las generaciones venideras. Ella les estaba diciendo que Dios no solamente odia el orgullo, la arrogancia, y cuando las personas orgullosas humillan a los demás, sino que Él va a hacer algo al respecto. Cuando Él ve a los que trastabillan y a los que están oprimidos, Él viene y los ciñe de poder (versículo 4). Él vendrá y levantará al débil, frágil y deprimido, aquellos que están hundidos. Y Él derribará al poderoso.

A veces, hemos estado decaídos por mucho tiempo, hemos orado tanto sin alivio alguno, que nos mortificamos pensando que Dios no nos ama. Sentimos que no somos los cristianos fuertes que se supone que debemos ser y que Dios no está complacido con nosotros. Cuando Dios nos ve en esa situación, su corazón misericordioso y compasivo se conmueve para hacer algo en nuestro favor. Dios sana a los quebrantados de corazón y levanta a los humildes. Él busca a quienes están tristes, aquellos que no tienen pan y a los que están débiles. Él dice: "Yo te daré mi fuerza".

Dios lo levantará cuando no pueda levantarse a sí mismo. Dios escucha sus oraciones. Él escucha su clamor. Él ve su situación. No se ha olvidado de usted. Cuando todo termine, usted profetizará, así como lo hizo Ana. Dios va a abrir su boca. Ana pasó de hacer oraciones inaudibles a profetizar. Ella había estado en un lugar donde no podía siquiera encontrar palabras para orar. Sus labios solo se movían. Pero, luego, en 1 Samuel 2 la encontramos declarando la palabra del Señor valientemente, y no solo para su generación sino para las venideras.

Dios lo sacará del lugar donde usted no es capaz de decir algo; Dios pondrá su palabra en su boca y la palabra que usted profetice irá de generación en generación. Estoy aquí para animarlo a que, a pesar de lo que está atravesando que está haciendo que se sienta triste y callado, Dios lo rescatará y usted profetizará de nuevo. ¿Lo cree?

SU SAMUEL YA VIENE

Diga esto en voz alta: "Mi Samuel ya viene". Oí que el Señor decía: "Estoy por darte algunos de tus *Samueles*. Pronto darás a luz a lo profético. Lo profético está por salir de ti". Si me muestra a alguien a quien Dios usa o ha usado poderosamente, le mostraré a alguien que ha atravesado algo, alguien de quien se han burlado, de quien han hablado y se han burlado. Esa persona no siempre estuvo en la cima, pero Dios es especialista en levantar personas del fondo. Él odia el orgullo y la arrogancia. Por tanto, Él le da una gracia especial a aquellos que están deprimidos y anima al pobre. Por eso, me encanta adorarlo y alabarlo. Él es el mismo hoy, ayer y para siempre. Si Él bendijo y rescató a Ana, Él lo bendecirá y lo rescatará. Deje de fijarse en la gente y ponga sus ojos en Dios. Él le ha llamado a usted "favor", así que prepárese mientras Él alinea su vida con el nombre que le ha dado. Su Samuel ya viene.

Hemos aprendido cinco acciones de Ana: no se rinda; ayune; adore y llore; ore y haga un voto. En el siguiente capítulo y a lo largo del resto de este libro, vamos a ver los tipos de oración y los principios de oración que le harán liberarse de las situaciones desesperadas. Vamos a detallar el componente de la oración para poner más herramientas en su arsenal de oración a medida que usted se coloca en posición para ver el poder y la bendición de Dios manifiesta en su vida.

ORACIONES PARA LIBERAR LA BENDICIÓN DE ANA

Padre, te pido que nazca cada Samuel que haya sido
encerrado en mi vientre, en el nombre de Jesús.
Abre mi matriz, para que yo ya no
sea estéril o improductivo.

El enemigo se ha burlado y reído de mí.
Me ha avergonzado. Pero yo declaro
que hoy es mi día de avance.

Hoy es el día del nacimiento. Hoy, mi vientre será abierto.
Hoy, mi sueño sucederá. Mi visión sucederá.
Mi esperanza y deseo se cumplirán.
Yo lo profetizo hoy, en el nombre de Jesús.

Declaro que mi nombre es favor.
Mi nombre es gracia.

Dios me está exaltando por encima de mi enemigo.
El enemigo ya no se puede reír ni burlar de mí.
Dios no permitirá que yo sea avergonzado.

El mismo milagro que Ana recibió me sucederá
a mí ahora, en el nombre de Jesús.

Declaro que tendré un avance como el
de Ana, y volveré a profetizar.

Señor, yo creo las palabras que me has dicho. No
viviré en un lugar bajo. Viviré en un lugar bendecido.

No estoy maldito. Soy bendecido.

Daré a luz. No seré estéril. Tendré hijos. Me
multiplicaré. Seré promovido. Seré exaltado.

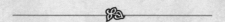

Lo que el enemigo intentó para mal, tú,
Señor, lo cambiarás para mi bien.

Yo creo, Señor, que tú eres santo. Eres justo. Ves
mi situación. Yo confío en ti. Tú eres mi fortaleza.
Tú eres mi victoria. Tú eres mi avance.

Declaro que, todo lo que yo estoy designado para dar a luz, entrará en su destino profético.

El fruto de mi vientre es bendecido.

———————— ❧ ————————

Permite que mis oraciones hagan nacer una semilla que será extraordinaria, única, diferente, santa y profética.

———————— ❧ ————————

Libero mi fe. Soy bendecido. Soy próspero. Dios hará grandes cosas en mi vida.

———————— ❧ ————————

Mi boca será ensanchada sobre mis enemigos.

———————— ❧ ————————

No seré avergonzado. No seré un fracasado.

———————— ❧ ————————

Mi nombre es favor. El favor de Dios está sobre mi vida. Andaré en el favor y la gracia de Dios en los días venideros.

———————— ❧ ————————

Creo que la productividad vuelve a mi vida hoy, en el nombre de Jesús.

Capítulo 2

CUANDO LA DESESPERACIÓN SE VUELVE SU AMIGA

En mi desesperación oré, y el Señor me escuchó; me
salvó de todas mis dificultades.

—Salmo 34:6, NTV

En la batalla espiritual, hay puntos donde parece que el enemigo tiene la última palabra. Parece que usted no triunfará. Él se ríe de usted. Los que usted creyó que eran sus amigos y sus seres queridos también se ríen. Sus compañeros de trabajo y vecinos dicen: "Yo pensé que eras salvo. Pensé que ibas a la iglesia. Pensé que ibas a esa iglesia profética. Pensaba que profetizabas. ¿Cómo es posible que a mí me vaya mejor que a ti?". Mientras ellos fuman puros cubanos de cien dólares, usted está tratando de juntar dinero para el boleto del autobús. Dígales: "No se preocupen. Esperen. No ha terminado todavía. Sigan, hablen, ríanse y piensen que han triunfado. Solo esperen, pues yo sé que Dios está por hacer algo en mi vida".

La gente puede pensar que vivir en santidad es una pérdida de tiempo. Ellos pueden dudar que Dios exista. Pero lo que no saben, y quizá usted tampoco lo discierna fácilmente, es que, como creyente del pacto, usted se acercará más a Dios como resultado de la burla y el tormento de esa gente. Lo que ellos no entienden, y quizá usted esté entrando a esta revelación en este momento, es que ellos lo están dirigiendo a usted a buscar con más fuerza todo lo que Dios tiene para usted. El tormento y la opresión y su hambre absoluta por la manifestación del poder de Dios en su vida lo guiarán a un lugar de llanto, clamor y desesperación. Lo que acabamos de ver en Ana.

Desde una perspectiva natural, no pareciera tener sentido; sin embargo, a veces, su lugar más bajo es su mejor lugar. Cuando parece que a nadie le importa, que nadie trata de ayudarle, que nadie lo busca, y que solo quedan usted y Dios, a veces es uno de los mejores lugares donde puede estar. Cuando todo y todos están fuera de alcance y solo quedan usted y Dios, ese es el lugar donde el Señor puede darle su Samuel. Este es el momento en que Él puede darle no solo un hijo, sino un Samuel. Sus oraciones serán escuchadas y la respuesta que recibirá será de tales proporciones sobrenaturales que excederá todo lo que se pueda imaginar. Usted llegará al punto de rendirse y dirá:

> Y a Aquel que es poderoso para hacer todas las cosas mucho más abundantemente de lo que pedimos o entendemos.
>
> —Efesios 3:20

Dios dice: "Estás orando por algo que está dentro de tus niveles de comprensión, pero estoy por darte algo más grande, algo profético que no solo te impactará ahora, sino que impactará tu generación y las venideras".

Dios permite que algunas de las dificultades que enfrentamos guíen la intensidad de nuestra búsqueda, la intensidad de nuestras oraciones y el nivel de nuestra fe y expectativa. Dios incrementa estos niveles porque Él quiere sacar algo de nosotros que nunca soñamos que fuera posible. Depender de que la gente nos ayudará en tiempos cuando solo Dios puede marcar la diferencia, nunca funcionará. Hay algunas cosas que el ser humano no pude hacer por nosotros, y darnos cuenta de esto nos enseña a confiar en Dios. Nos enseña a acercarnos a Él.

Este es el lugar de desesperación a donde creo que Ana había llegado, el lugar donde sus oraciones ya no eran palabras, donde ella estaba dispuesta a hacer cualquier cosa para recibir lo que necesitaba de parte de Dios. Es importante que exploremos a profundidad su proceso y examinemos el lugar de desesperación al que ella había llegado y lo que fue liberado en su vida. A veces, nosotros solo queremos respuestas a nuestros problemas o ser recatados de nuestro punto bajo, pero no queremos pasar por lo que se requiere para edificar la fortaleza y madurez espiritual necesarias para llevar y administrar aquello por lo que hemos orado.

Esta mujer no tenía hijos, y anhelaba un hijo más que cualquier otra cosa. Ella seguía orando y orando, y nada cambiaba. Y esta otra mujer continuaba burlándose y burlándose, y nada cambiaba. Ana estaba cada vez más avergonzada. Se sentía sin esperanza, y se desesperó. Creo que así es cuando la desesperación se vuelve su amiga.

LA DESESPERACIÓN DERRUMBA LAS BARRERAS ENTRE USTED Y SU PROMESA

A nadie le gusta estar desesperado, pero parece que Dios mira a las personas desesperadas. La mujer en Lucas 8:43–48, con un problema de sangre, estaba desesperada. Ella estaba sangrando, lo que, según la ley judía, significa que estaba inmunda. Año tras año, ella tuvo que lidiar con la vergüenza y el rechazo debido a su condición. La comunidad la marcó y la rechazó. Ella no debía estar dentro de la multitud. Sin embargo, estaba tan desesperada, después de doce años de hemorragia, que se abrió paso entre la multitud, tocó la orilla del manto de Jesús y fue sanada. Debido al lugar bajo al que la habían reducido, ella desarrolló un fuerte deseo de no quedarse más allí. Se desesperó e hizo un movimiento que la ubicó a los pies de Jesús.

> Pero Jesús dijo: Alguien me ha tocado; porque yo he conocido que ha salido poder de mí.
> Entonces, cuando la mujer vio que no había quedado oculta, vino temblando, y postrándose a sus pies, le declaró delante de todo el pueblo por qué causa le había tocado, y cómo al instante había sido sanada.
> Y él le dijo: Hija, tu fe te ha salvado; ve en paz.
> —Lucas 8:46–48

La desesperación de la mujer la forzó a salir de su escondite y se encontró con compasión y sanidad. Recibió la paz de Dios y fue devuelta a la vida. No más lucha contra el rechazo de la oración no respondida. No más vergüenza. No más marcas. No más burlas. Con su sanidad vino más de lo que ella imaginaba.

En Lucas 5:17–26, había un grupo de hombres desesperados por que un paralítico fuera sanado, pero no podían entrar a la casa donde estaba Jesús ministrando porque había mucha gente. Su desesperación los llevó a subir al techo de la casa y bajaron al hombre por el tejado. ¿Se imagina lo que debe haber pensado el dueño o inquilino de la casa? "¡Estos tipos están rompiendo mi casa para recibir sanidad!". Sin embargo, Jesús no los reprendió. La Biblia dice:

> Al ver Él la fe de ellos, le dijo: Hombre, tus pecados te son perdonados.
> —Lucas 5:20

Y para callar a los resentidos en el salón, los fariseos, Jesús llevó la sanidad del hombre de lo espiritual a lo físico para quienes necesitan una demostración visual de cómo Dios ve la fe de los desesperados:

> Jesús entonces, conociendo los pensamientos de ellos, respondiendo les dijo: ¿Qué caviláis en vuestros corazones? ¿Qué es más fácil, decir: Tus pecados te son perdonados, o decir: Levántate y anda? Pues para que sepáis que el Hijo del Hombre tiene potestad en la tierra para perdonar pecados (dijo al paralítico): A ti te digo: Levántate, toma tu lecho, y vete a tu casa. Al instante, levantándose en presencia de ellos, y tomando el lecho en que estaba acostado, se fue a su casa, glorificando a Dios.
> —Lucas 5:22–25

Dios está más preocupado por usted que por un techo. El techo siempre se puede reparar. Así que, cualquiera que sea la barrera entre usted y lo que Dios ha prometido, deje que la desesperación lo empuje a derribarla.

No permita que la gente que no conoce su historia le impida ir tras lo que sabe que Dios ha prometido. Imagínese si Ana hubiera escuchado a Penina y, simplemente, se hubiera rendido, pensando que no era la voluntad de Dios que ella tuviera un hijo. ¿Qué tal si ella pensaba que así era como debía ser, que ella se despertara cada día en aflicción y burla? ¿Qué tal si ella se hubiera dado por vencida? ¿Qué tal si usted se rinde? ¿Qué pasaría si escuchara a la gente que le rodea decir: "Supéralo"?

O, quizá hay personas a su alrededor que tratan de consolarlo o de apartar su atención de su deseo, como el esposo de Ana, Elcana, lo hizo: "Ana, ¿por qué lloras? ¿por qué no comes? ¿y por qué está afligido tu corazón? ¿No te soy yo mejor que diez hijos?" (1 Samuel 1:8). Aunque él trataba de animarla diciéndole que la amaba sin importar si podía tener hijos o no, su consuelo no fue suficiente. Aun cuando iban al templo, Elcana le daba una doble porción de lo que le daba a su otra esposa, Penina, y a todos los hijos de ella. Sin embargo, cuando hay lago que usted quiere de Dios y que sabe que Él lo quiere para usted también, no hay substitución alguna. Las personas que le rodean, que no conocen su historia, sus gemidos inaudibles ante el Señor día tras día, mes tras mes, y año tras año, no entenderán su angustia. Ellas no comprenderán su desesperación.

Sepa que Dios mira y escucha, y que cuando usted clama en el nombre del Señor por desesperación, Él no se alejará de usted. Él no tratará de desviar su atención a algo más. Él no dirá que usted sobreactúa o que exagera. Dios honrará la promesa que le hizo.

LA DESESPERACIÓN LO ACERCA A LA VOLUNTAD DE DIOS

Nadie puede enseñarle cómo desesperarse. Esta no es una estrategia para obtener lo que quiere. De lo que hablo en este capítulo es sobre dominar ciertas posiciones, tales como la desesperación (que son resultado de los ataques del enemigo) y usarlas como catalizadoras para acercarnos a Dios y estar más alineados con el plan que Él tiene para su vida. Usted no puede manipular a Dios. Como ya he dicho, Él ve, Él escucha y Él conoce las intenciones de cada corazón. Sin embargo, como creyentes, sabemos que lo que el enemigo ha planeado para destruirnos, puede cambiarse para nuestro bien. Debido a que vivimos en esta tierra, en un momento o en otro, nos encontraremos en situaciones desesperadas. Nos encontramos en lugares bajos que nos hacen sentir que ya no podemos continuar con las cosas como están. "Pero todas las cosas, aún los momentos más oscuros y desesperados, obran para nuestro bien" (vea Romanos 8:28).

Ahora bien, esto no significa que debemos andar exponiéndonos a situaciones desesperadas solo para obtener lo que queremos que Dios nos dé. Esto nunca sucederá de la manera en que usted cree. De igual forma, si no tiene cuidado, la desesperación puede, definitivamente, llevarlo a lugares fuera de la voluntad de Dios, y eso no es lo que queremos. Si la desesperación hace que usted actúe en una manera que lo aleja más del favor de Dios y lo lleva más lejos de la justicia y la presencia de Dios, usted se está colocando a sí mismo en una posición para ser entregado a toda clase de tormento. Lo que digo es: podemos aprender a dejar que la desesperación nos dé un enfoque agudo sobre lo que *Él* ha prometido y ordenado para nosotros. Podemos dominar la desesperación de manera que nos fuerce a hacer lo que sea necesario para que nuestra vida se alinee con Dios, para que Él sea movido para rescatarnos y librarnos.

Las personas desesperadas hacen cosas desesperadas. Sin embargo, lo que sea que usted haga, deje que el Espíritu de Dios lo guíe mientras busca sanidad, paz, plenitud, productividad, favor, destino, bendición o propósito.

LA DESESPERACIÓN LE OBLIGA A HACER UN VOTO

A medida que la desesperación le acerca a Dios y a su voluntad, hará que se dé cuenta de que lo que Él está preparando para darle no es solamente para usted. La desesperación hará que sus oraciones sean "no se haga mi voluntad, sino la tuya" (Lucas 22:42). La desesperación hará que usted le ofrezca a Dios lo que Él promete darle. Este es el cambio poderoso de corazón que Dios tenía como objetivo. Usted deja de pensar en cómo le cumplirá la promesa a cómo esta bendecirá a Dios y a su pueblo. Vemos este cambio en Ana. Primera Samuel 1:10–11, dice:

Ella con amargura de alma oró a Jehová, y lloró abundantemente. E hizo voto, diciendo: "Jehová de los ejércitos, si te dignares mirar a la aflicción de tu

ORACIONES DESESPERADAS para TIEMPOS DESESPERADOS

sierva, y te acordares de mí, y no te olvidares de tu sierva, sino que dieres a tu sierva un hijo varón, yo lo dedicaré a Jehová todos los días de su vida, y no pasará navaja sobre su cabeza".

Ella había llegado a estar tan desesperada que estaba dispuesta a devolverle su hijo a Dios para que le sirviera. Ella anhelaba tanto traerlo al mundo que estaba dispuesta a entregárselo a Dios si eso significaba que él podía nacer. "Solo abre mi matriz, Dios", clamó. "Solo dame un hijo. Ni siquiera lo quiero solo para mí. Te lo voy a dedicar a ti". Y Samuel nació.

Ahora, vea esto. Esto es lo que creo que Dios le estaba diciendo a Ana cuando Él honró su petición: "No solo te voy a dar un hijo, sino que, además, voy a asegurarme de que tu hijo pase a la historia como uno de los mayores profetas que Israel haya tenido. No solo pasará a la historia, sino que la historia de tus oraciones y rescate terminará en las Escrituras. Serás conocida, no como la mujer estéril, sino como la mujer altamente favorecida. Vivirás la plenitud de tu llamado como Ana, la favorecida".

Este es el poder de hacerle un voto al Señor. La desesperación nos hará buscar todas las opciones disponibles, todas las puertas abiertas: "¿Qué necesito hacer? ¿Cómo necesito orar? ¿Mi corazón está bien? ¿Necesitas cambiar primero algo en mí? ¿Qué es, Dios? Muéstrame. ¡Estoy desesperado!". Luego cuando nos muestra que todo se trata de Él, nos encontramos rindiéndole a Dios exactamente las mismas cosas que queríamos porque reconocemos que, en primer lugar, nuestros deseos están centrados en Él.

Cuando nos deleitamos en Él, Él nos concede los deseos de nuestro corazón (Salmo 37:4). Es interesante que la palabra *deleite* en este verso signifique "ser suave o flexible".[1] Deleitarse en Dios no se trata mucho de complacernos en Él, más bien se trata de que usted se vuelva suave y flexible en las manos de Dios para que Él pueda moldearlo. Los tiempos de desesperación nos suavizan para dejarnos guiar por el Señor. A través del proceso de espera por la respuesta a una oración, nuestro corazón empieza a cambiar y empezamos a querer lo que Él quiere. Su deseo se vuelve nuestro deseo. En el tiempo de la situación de Ana, Dios necesitaba reconectarse con su pueblo. Si lee 1 Samuel 3, se enterará de que la palabra del Señor "escaseaba en aquellos días; no había visión con frecuencia" (versículo 1). Había una sequía profética en la tierra. Y, luego, allí está Ana, quien quería un hijo. Dios vio una oportunidad para bendecirla a ella y para restaurar el manto profético en Israel. A través de su proceso, ella se fue suavizada para discernir el deseo de Dios de tener a un profeta que le fuera fiel a Él. Su oración se volvió un voto que se alineaba con el deseo de Dios.

Cuando sus oraciones se vuelven votos para bendecir a Dios con lo que Él le da, usted ha llegado al lugar donde es inevitable el avance.

LA DESESPERACIÓN ES EL PASO FINAL ANTES DEL AVANCE

Cuando parece que usted está en su punto más bajo, allí es cuando está al borde de su mayor milagro. Piense en esto: Ana había estado desesperada por un hijo durante mucho tiempo, pero ella hizo el voto de entregárselo a Dios. Luego, cuando recibió al hijo, ella cumplió su voto. Lo crió hasta que terminó de amamantarlo y luego se lo entregó al sacerdote Elí. La Biblia dice:

> Después que lo hubo destetado, lo llevó consigo, con
> tres becerros, un efa de harina, y una vasija de vino,
> y lo trajo a la casa de Jehová en Silo; y el niño era
> pequeño. Y matando el becerro, trajeron el niño a

Elí. Y ella dijo: ¡Oh, señor mío! Vive tu alma, señor mío, yo soy aquella mujer que estuvo aquí junto a ti orando a Jehová. Por este niño oraba, y Jehová me dio lo que le pedí. Yo, pues, lo dedico también a Jehová; todos los días que viva, será de Jehová. Y adoró allí a Jehová.

—1 Samuel 1:24–28

Aunque parece que este es el final perfecto de la historia de Ana, era solamente el principio de su avance. Ana terminó teniendo otros cinco hijos (1 Samuel 2:21). Ella pasó de llanto a regocijo. Pasó de estéril a fructífera.

Sus días de llanto también terminaron. No importa cuánto haya llorado o durante cuánto tiempo le haya atormentado el diablo; ya pasó. Cuando usted invoca al Señor y permita que la desesperación se vuelva parte de la obra perfecta en su vida, recibirá lo que ha pedido. Dios entrará en su situación y abrirá su matriz. No estoy hablando solamente de tener hijos naturales. También estoy hablando de la ruptura de la esterilidad espiritual en su vida. Quizá usted está en un lugar donde parece que no puede cumplir su destino, propósito, sueño o visión. Ha estado embarazado con potencial y con las promesas de una vida abundante y próspera, pero no puede darla a luz. Cuando empiece a hacer oraciones desesperadas, y a medida que la desesperación lo dirija a hacer un voto de rendición y obediencia, su matriz se abrirá.

ORACIONES DE LOS DESESPERADOS

Estoy desesperado, y mi desesperación me guía
al trono de Dios. Declaro que mis oraciones
son respondidas. Mi milagro está por venir.

Ruego en desesperación, y el Señor escucha. Él me
librará de todas mis angustias (Salmo 34:6).

Que tu misericordia venga pronto a mi
encuentro. Estoy muy abatido (Salmo 79:8).

Escucha mi clamor y líbrame de los que me
persiguen. Estoy muy afligido (Salmo 142:6).

Señor, estoy en problemas y te busco. En mi tribulación
te busco y te encontraré (2 Crónicas 15:4).

En mi desesperación, Dios es mi refugio,
torre fuerte y fortaleza (Salmo 9:9).

Estoy en problemas. Estoy desesperado. Señor, no
te alejes. No te escondas de mí (Salmo 10:1).

Oh, Señor, mi Dios, responde mi oración desesperada (1 Reyes 8:28; 2 Crónicas 6:19).

Desde mi juventud he estado afligido y estoy a punto de morir. Estoy desesperado. No me rechaces. No escondas tu rostro de mí (Salmo 88:14–15).

Gracias, Señor, por venir en mi auxilio. Gracias por proveerme la protección que tan desesperadamente deseaba (Salmo 12:5).

Señor, te busco en el día de mi angustia. Requiero desesperadamente de ti. En la noche alzo mis manos a ti en oración (Salmo 77:2).

Anhelo desesperadamente tu salvación. En tu Palabra he puesto mi esperanza (Salmo 119:81).

Capítulo 3

EL PODER DE SER CONSTANTES
EN LA ORACIÓN

> Gozosos en la esperanza; sufridos en la tribulación; constantes en la oración.
>
> —Romanos 12:12

U na de las claves principales para atravesar tiempos desesperados y recibir milagros y avance consistente en su vida es ser constantes en la oración. Ana perseveró en la oración, lo cual vemos cuando, año tras año, ella presentaba delante del Señor su petición por un hijo. La oración perseverante es el tipo de oración que muchos creyentes no comprenden porque ellos quieren orar una vez y ver cambios inmediatamente. Si algo no cambia como ellos piensan, entonces, simplemente se rinden.

En el versículo clave al inicio de este capítulo, observe el contexto dentro del que se nos manda a perseverar en la oración. La Epístola de Pablo a los Romanos se trata de sufrimiento y tribulación, pues la iglesia, en ese tiempo en particular, estaba atravesando muchísima persecución. Desde el tiempo en que los Hechos de los Apóstoles fue escrito, hasta el tiempo cuando la mayoría de las epístolas se escribieron, estaba sucediendo un cambio. A veces se le refiere como "el final de la era" o "el fin del mundo" a lo que fue el final del mundo del antiguo pacto o el sistema del antiguo pacto.

El sistema religioso que se oponía a las enseñanzas de los apóstoles era parte del sistema del antiguo pacto que no creía en que Jesús era el Hijo de Dios y consideraba herejes a los seguidores de Cristo. Ellos consideraban al cristianismo como una religión falsa y que Cristo era un hereje y falso profeta. Debido a esto, la iglesia pasó por mucho sufrimiento, pruebas, tribulaciones y persecución por parte del sistema religioso del antiguo pacto. Sin embargo, mientras más luchaban contra la iglesia, más crecía. Así que estos cristianos estaban viviendo en un tiempo desesperado, lleno de pruebas, y tenían que perseverar.

La conclusión es: cuando atravesamos una época de pruebas o desafíos o una época difícil, de presión intensa, una de las cosas que Dios nos manda a hacer es orar. La Biblia dice: "¿Está alguno entre vosotros afligido? haga oración. ¿Está alguno alegre? cante salmos" (Santiago 5:13, RVA). Así que, si usted está afligido o sufriendo, ore. Si usted está atravesando por algo, ore. La oración es la clave para superar cualquier tipo de aflicción, prueba o desafío. Lo peor que puede hacer es desanimarse o dejar de orar. Lo peor que puede suceder es que usted se rinda y sencillamente deje que las cosas sucedan sin pedirle a Dios que intervenga y lo rescate.

Volviendo al versículo al principio de este capítulo, en la versión Las Américas dice que deberíamos estar "perseverando en el sufrimiento, *dedicados a la oración*", (Romanos 12:12, énfasis añadido). Busqué la frase "dedicados a la oración" en diferentes versiones bíblicas, y así es como algunas de ellas lo traducen:

- "Nunca dejen de orar" (DHH).
- "Perseveren en la oración" (NBD). Perseverar significa que usted no se rinde. No tira la toalla. Continúa a pesar de lo que esté atravesando.
- "Constantes en la oración" (RVA 2015). Estar comprometidos y ser fieles a una vida de oración.
- "Dedicados a la oración" (NBLH). *Dedicarse* significa "comprometerse por medio de acto solemne" o

"entregar o dar directamente (tiempo, dinero, esfuerzo, etc.) a una causa, empresa o actividad".[1]
• "Sigan orando" (NTV).

Entonces, este versículo provee una imagen de alguien que está atravesando por algo en la vida, pero que es persistente, consistente, dedicado, firme, fiel y perseverante. Él no de rinde. Él no se vuelve perezoso ni haragán en cuanto a la oración. Cuando muchos de nosotros atravesamos tiempos desesperados en nuestra vida, nuestra vida de oración se vuelve menos consistente, aunque esto es precisamente lo que nos dará la fortaleza para vencer las presiones, pruebas y desafíos. Para algunos, mantenerse persistentes en la oración es un reto. A veces, cuando las cosas van mal, hay una tendencia a querer dormir. ¿Alguna vez ha deseado a travesar sus problemas durmiendo? Cuando está dormido, ya sea física o espiritualmente, usted no lidia con nada. Sin embargo, Romanos 12:12 está sugiriendo que hagamos lo contrario. En vez de disminuir nuestra vida de oración o dormir, debemos estar despiertos en el espíritu y orar. Observe lo que Jesús dijo cuando Él y sus discípulos llegaron al Huerto de Getsemaní:

> Entonces Jesús les dijo: Mi alma está muy triste, hasta la muerte; quedaos aquí, y velad conmigo. Yendo un poco adelante, se postró sobre su rostro, orando y diciendo: Padre mío, si es posible, pase de mí esta copa; pero no sea como yo quiero, sino como tú. Vino luego a sus discípulos, y los halló durmiendo, y dijo a Pedro: ¿Así que no habéis podido velar conmigo una hora?
> —Mateo 26:38–40

Jesús oraba tan intensamente en el huerto que su cuerpo empezó a sudar y transpirar profusamente. La Biblia dice: "y era su sudor como grandes gotas de sangre que caían hasta la tierra"

(Lucas 22:44). Así que no era tiempo para dormir. No era tiempo para despreocuparse. Era tiempo para perseverar y presionar. La oración perseverante no es el tipo de oración común, de todos los días. Es el tipo de oración que usted hace en tiempo de emergencias. Ya sea financiera, física, espiritual, o un ataque del infierno en su ciudad, hay épocas de desesperación cuando usted realmente necesita comprender y utilizar el poder de la oración perseverante. Cuando un creyente o un grupo de creyentes ora consistentemente durante una época difícil, es solo cuestión de tiempo para que las brechas se abran sobrenaturalmente y vengan las respuestas, y las situaciones desesperadas cambien.

Dios nunca nos pediría que hiciéramos algo a menos que hubiera algún beneficio en ello, y la oración no es un ejercicio religioso que usted hace solo para sentirse mejor. Debe haber una razón por la que las Escrituras nos dicen que estemos en oración constante e inmediata. Evidentemente, esta forma de orar es lo que usted necesita en ciertos momentos de su vida. Sencillamente, no hay substituto para este tipo de oración.

Ahora bien, sabemos que hay oración de fe, oración de acuerdo, oración de consagración, orar en el Espíritu, orar en lenguas y otros tipos de oración. Algunas de ellas las discutiremos en este libro. Sin embargo, la oración perseverante no se rinde. Es el tipo de acción en oración que nos mantiene orando y orando en tiempo y fuera de tiempo.

El enemigo diseña tiempos de gran prueba y tribulación con el fin de destruirlo, quebrantarlo y hacer que se desanime y deprima tanto que no disfrute la vida, que quiera darse completamente por vencido. El temor, que dichos tiempos traen a su vida, puede paralizarlo y abrumarlo al punto en que usted ya no es eficaz para hacer lo que Dios le ha llamado a hacer. Las pruebas y los desafíos afectan incluso la forma en que vive, de manera que no pueda llevar su vida de manera consistente. Puede notar que se está enfermando físicamente y desequilibrándose emocionalmente, volviéndose inconsistente y confundido. Puede hallarse lidiando con todo tipo de problemas, enojándose e incomodándose, apartándose de la vida y cortando relaciones con las personas.

La voluntad de Dios nunca ha sido que usted esté derrotado. La voluntad de Dios para usted incluye que esté lo suficientemente fuerte y estable para levantarse en oración cuando lleguen los problemas. Su voluntad para usted es que sea guiado por su Espíritu para perseverar en oración durante el tiempo que dure la batalla, día tras día, semana tras semanas y mes tras mes. Él quiere que usted ore hasta que rompa y avance sobre lo que el enemigo ha diseñado para su vida.

APRENDA A SER DEDICADO EN LA ORACIÓN

Hemos visto varias formas en que diferentes versiones bíblicas describen la oración perseverante. Me gusta la descripción que incluye la palabra *dedicado*. Da un sentido de espontaneidad. No hay un lugar ni un tiempo específico para que usted ore así. Puede orar en cualquier momento y lugar, cuando el Espíritu de Dios lo inste a hacerlo. Puede orar en su clóset, en su vehículo cuando va a trabajar, antes de comer o cuando se acuesta, y cuando se levanta en la mañana. Puede ser solamente algo que lo mueve por dentro, y usted empieza a orar y a pedirle a Dios liberación de las cosas que atacan su vida.

Esta oración está disponible para usted a fin de que no termine siendo víctima. Muchísimas personas terminan siendo víctimas porque permiten que el diablo les pase encima. Tienen la actitud de que lo que venga debe ser la voluntad de Dios. Ellos sencillamente se echan y dejan que suceda en vez de dedicarse a la oración perseverante. Esta oración constante, orar sin cesar, orar en todo tiempo, orar cuando está lidiando con cosas que pueden cambiar la tendencia en una batalla espiritual.

Muchas personas sencillamente no saben cómo orar. Vivimos en una sociedad donde la gente habla mucho de Dios, pero es muy raro encontrar a alguien que sepa verdaderamente cómo hablar con Dios. Luego, cuando los desafíos de la vida llegan, no saben cómo lidiar con ellos. Estas personas lloran, se entristecen, se quejan, murmuran, se deprimen, culpan a todo el mundo, se enojan y luego, se enferman. Hacen de todo, excepto permanecer constantes en la oración.

Escuche, cualquier arma que el enemigo forje contra su vida, si usted es un creyente, tiene la autoridad para enfrentarlas. No se quede acostado ni permita que cualquier cosa entre a su vida. Si es enfermedad o padecimientos, aprenda cómo enfrentarlas y diga: "Diablo ¡no! Lo rechazo. Soy un hijo de Dios. Sanado por sus llagas. No voy a aceptar todo lo que me venga". Aprenda a resistir al diablo. Tenga suficiente fortaleza en su espíritu para decir: "No. Por fe, reprendo eso. No me importa si ha estado en mi familia. No me importa si ha estado en mi genealogía. No. Soy un hijo de Dios. Estoy redimido por la sangre del Cordero".

Ahora bien, es bueno tener personas que intercedan por usted o que le pida a alguien que se ponga de acuerdo con usted en oración. Sin embargo, también debe aprender a orar por sí mismo. Así es como lo hace:

1. Rodéese de personas que saben cómo orar. Vaya a una iglesia donde la oración llena del Espíritu y profética y la intercesión sean parte de la cultura. Puede aprender a orar o ser fortalecido en oración cuando ve a otros hacerlo.
2. Estudie la Palabra de Dios. Aprenda a orar según la Palabra de Dios. Mucho de lo que me llevó a escribir mi serie: *Oraciones que...* fue producto de que el Señor me guio a orar las Escrituras como arma de batalla espiritual.

3. Sea lleno del Espíritu Santo con la evidencia de hablar en lenguas. Si usted no sabe nada más, aprenda a orar en el Espíritu. Ore en lenguas. Ore en el Espíritu Santo cuando no sabe por qué orar. Romanos 8:26 dice: "Y de igual manera el Espíritu nos ayuda en nuestra debilidad; pues qué hemos de pedir como conviene, no lo sabemos, pero el Espíritu mismo intercede por nosotros con gemidos indecibles".

Todos pasamos por situaciones en la vida que exigen que sepamos cómo orar sin cesar. La oración de este tipo es poderosa porque nos fortalece en las temporadas largas de desesperación.

Además, es necesario que se diga aquí que, si parece que usted siempre está en una posición desesperada, es posible que no sea el diablo el que esté atacándolo. Podría ser que ha estado tomando malas decisiones que lo ponen en malas situaciones. Hay tiempos difíciles que llegan como resultado de la estupidez o la desobediencia, y en realidad me preocupo por la gente que siempre está atravesando algo. La vida cristiana es victoriosa. Estos no son los tiempos desesperados y las oraciones desesperadas de las que estoy hablando en este libro. Principalmente, estoy hablando de orar durante los tiempos cuando usted está haciendo lo correcto, vive limpiamente y, sin embargo, se encuentra atravesando una época de prueba. Hay todo un estudio completo que le ayudará si se encuentra haciendo cosas que lo colocan en situaciones malas.[2]

LA ORACIÓN PERSEVERANTE LO FORTALECE PARA LA GUERRA LARGA

Hubo larga guerra entre la casa de Saúl y la casa de David; pero David se iba fortaleciendo, y la casa de Saúl se iba debilitando.
—2 Samuel 3:1

Una cosa que los demonios no soportan es cuando usted continúa presionándolos a través de la oración consistente. El enemigo empieza con fuerza, preparando sus armas para una batalla rápida. Él quiere que usted entre al cuadrilátero, noquearlo y salir de allí. Su estrategia no está diseñada para un encuentro de doce asaltos. Su plan es entrar y salir rápidamente. Sin embargo, con la oración perseverante en su arsenal espiritual, puede decirle al diablo: "Soy de los que participan en doce asaltos. No vas a noquearme en el primer asalto. Esta pelea llegará hasta el final".

Si sabe algo de boxeo, entonces sabe que ganar la pelea no se trata de los golpes a la cabeza. Son aquellos golpes al cuerpo, dados consistentemente a lo largo de la pelea, los que pueden hacer el mayor daño. Persistir en oración a través de las épocas de aflicción es como atacar a golpes el vientre del enemigo. Si usted continúa golpeándolo justo allí, en el cuerpo, entonces sus brazos empiezan a cubrir la parte baja y su cabeza queda expuesta y desprotegida. *Entonces,* usted puede lanzar esos golpes a la cabeza. Esto es lo bueno de crecer en los barrios: uno aprende un poco sobre cómo pelear.

Casi todos podemos recordar cómo Mike Tyson solía salir en el primer asalto y —¡PUM!— su oponente quedaba tirado en el cuadrilátero, noqueado, inmóvil, por uno de sus golpes mortales. Pero, entonces, Mike Tyson se enfrentó a Buster Douglas. Mike viajó a Japón y no se preparó. ¿Por qué habría de hacerlo? Su plan era noquear a Buster. Tyson tenía el récord de noquear a sus contrincantes con un solo golpe. ¿Por qué tendría que ser diferente esta vez?

Pero Buster tenía planeado que no iba a acabar así. Nunca olvidaré esa pelea. Buster tenía unas llamativas borlas en sus zapatos, y su madre acababa de morir, así que él estaba enojado. Buster se enredó con Mike, y Mike no pudo noquearlo en el primer asalto. Continuaron, y mientras más tardaba, Mike más estaba en problemas porque, repito, todo lo que había planeado era noquearlo en el primer asalto. Finalmente, Buster pasó la barrera, calculó a Mike, le dio una vez y, luego, —¡PUM!— Mike cayó. Aunque Mike ganó otras peleas, su carrera nunca se recuperó completamente. Un tiempo después de esta pelea, hubo reportes de que él le mordió la oreja a otro contrincante. Él ya no era el mismo.

Las peleas largas confunden al enemigo y arruinan sus estrategias. "Thrilla en Manila", fue un campeonato de peso pesado histórico entre Joe Frazier y Muhammad Ali, donde después de catorce asaltos, ambos hombres estaban listos para rendirse. Hacía un calor de unos 100° (38°C) en Manila al momento de la pelea. Yo he estado en Manila; es caliente y muy húmedo, y uno suda solo porque sí. Al final del decimocuarto asalto, Ali comentó que esa era la pelea más difícil de su vida y que tenía ganas de rendirse. Los reportes dicen que él le dijo a su esquinero que le cortara los guantes, pero no le hizo caso.[3] Los boxeadores se agotaron mutuamente hasta que el esquinero de Joe Frazier detuvo la pelea después del decimocuarto asalto.*

Eso es lo que usted hace en oración: usted agota al enemigo y sigue orando. Quizá al principio, se sienta débil, pero mientras más ore, más fuerte se sentirá. Mientras más ore, más energía tendrá. Puede ser que al principio piense que no puede ganar, pero siga orando. Siga orando. Siga orando. De repente, sentirá venir el gozo y la fortaleza. Al mismo tiempo, el enemigo se pondrá cada vez más débil.

En la larga guerra entre David y Saúl, la Biblia dice que David se hacía cada vez más fuerte, y Saúl se volvía cada vez más débil, hasta que David ganó finalmente, Saúl fue asesinado, y David se volvió el rey de Israel.

---

* Esto fue antes de que el consejo Mundial de Boxeo en 1982 redujera los combates a doce asaltos. Fuente: Associated Press, "Twelve-Round Limit for WBC," NYTime.com, 10 de diciembre de 1982, https://www.nytimes.com/1982/12/10/sports/12

A nosotros no nos gustan las guerras largas. Queremos un final rápido. Sin embargo, a veces las cosas se toman un poco más de tiempo. Aquí es donde la Palabra de Dios nos anima a ser pacientes en la tribulación y persistentes en la oración. Pronto aprenderemos que, si continuamos orando y ejerciendo presión, es solo cuestión de tiempo para que se abra la brecha.

LA ORACIÓN PERSEVERANTE NO ES PARA LOS DÉBILES

Persistir en oración a través de algunas de las horas más oscuras de la vida no es para los de corazón débil. No es para aquellos que necesitan que las cosas sucedan ahora y cuando ellos quieren, y si no salen como ellos quieren, renuncian. La oración perseverante es para las Ana, la gente que ha estado buscando su sanidad y nunca se ha rendido, para aquellos que están dispuestos a romper los techos y para los que están dispuestos a pelear todos los doce asaltos.

Hablo de santos que saben cómo presionar y atravesar situaciones en oración, santos que saben cuándo y cómo orar y no se rinden, aun cuando la situación se vea mal. Ellos no se dejan llevar por la forma en que se ven las cosas. Ellos andan por fe y no por vista porque en lo natural podía parecer que las cosas están empeorando en lugar de mejorar. Pero los santos han aprendido a no prestar atención a lo que aparenta la situación. Ellos saben que Dios está en el cielo y que Él escucha sus oraciones. Ellos están confiados en que Él hará algo en su situación y que es solamente cuestión de tiempo para que puedan ver la brecha abierta.

Pueblo de Dios, les imploro: Sigan orando. Sigan intercediendo. Sean constantes y perseveren. Oren continuamente. Persistan. No se detengan. Dedíquense. Manténganse firmes, dedicados y fieles. En vez de ser un entrometido, entrométase en la oración. Si puede ser un entrometido y hablar con todos los que conoce, puede tomar esa misma energía para orar. La oración perseverante es hablar con Dios y, en vez de ponerse ansioso y ceder ante el temor y la preocupación, llevar continuamente sus peticiones ante Él.

A través de la oración, derrote lo que venga a robar, matar o destruir las cosas que Dios ha apartado para usted. Atraviese la tormenta, el huracán, el sunami y el terremoto en oración. Destruya todas las estrategias del enemigo a través de la oración. Si usted tiene que lograrlo todo por sí mismo, donde nadie le aplauda o le anime y donde no hay un teclado detrás de usted ni un micrófono en su mano, hágalo. Usted saldrá con un testimonio. Y no como los que ha leído: Sadrac, Mesac y Abednego, y los demás. Usted saldrá con su propio testimonio, lo que Dios hizo por usted. Se lo digo ahora, saldrá al otro lado con más de lo que tenía antes de que el enemigo lo atacara. Dios le dio a Job el doble de lo que él tenía antes del ataque. Ana salió con cinco hijos además de aquel por el que oró.

No sea un debilucho espiritual. El diablo solo quiere intimidarlo. Tome una posición contra los ataques en su vida. Niéguese a dejar que lo pisotee. Rehúsese a dejarse caer y permitirle que haga lo que quiera para luego acobardarse en una esquina sintiendo lástima de sí mismo. Jesús vino para que usted pudiera tener vida y tenerla en abundancia (Juan 10:10). Los pecadores no deberían estar disfrutando la vida más que los santos. Nosotros somos hijos de Dios.

Hemos descubierto que la oración persistente y perseverante no es una poción espiritual instantánea que, cuando se aplica, da resultados inmediatos. Abrir la brecha puede tomar algún tiempo, pero lo desafío a añadir esta arma de oración a su arsenal. Permítale edificar en su interior una fortaleza formidable que el enemigo no podrá superar fácilmente. Comprométase a seguir orando hasta que cada montaña, cada Goliat, cada obstáculo, cada enemigo, cada resentido, cada demonio, cada ataque, cada plan, cada estrategia y cada trama del infierno contra su vida sea reducida a polvo.

DECLARACIONES PARA PERSEVERAR EN ORACIÓN

Señor, yo creo en el poder de la oración.

———————— ❧ ————————

Creo que ningún arma forjada contra mi prosperará.

———————— ❧ ————————

Creo que el que está en mí es mayor
que el que está en el mundo.

———————— ❧ ————————

Padre, no me desanimaré, y no me rendiré.
Atravesaré cada situación en oración, cada prueba,
cada desafío y cada ataque del infierno.

———————— ❧ ————————

Me dedico y comprometo de nuevo a la
oración, en el nombre de Jesús.

———————— ❧ ————————

Señor, yo creo que tú eres un Dios que hace
milagros y que tú eres el Dios que abre brechas.

———————— ❧ ————————

Padre, gracias por ser mi hacha de batalla
y mis armas de guerra (Jer 51:20).

Señor, levanto mis manos a ti y oro que todo lo que está atacando mi vida, todo lo que ha sido enviado por el enemigo, sea vencido por tu mano y por tu poder.

Señor, te pido y agradezco por tu rescate.
Te agradezco por abrir la brecha.
Te agradezco por los milagros.
Te agradezco por las señales y maravillas.

Te agradezco, Señor, por llevarme a través de cada asignación del infierno y hacer que la venciera en el nombre de Jesús.

Señor, gracias por ayudarme a soportar.
No seré noqueado. Cada vez me pongo más fuerte y, a medida que persevero en oración, el enemigo se pone cada vez más débil.

Creo en el poder de la oración persistente, perseverante y constante.

Libero mi carga por la oración. Toda asignación contra mi vida será derrotada en el nombre de Jesús.

No me rendiré en la oración. No me rendiré por mi ciudad. No me rendiré por mi nación. No me rendiré por mi iglesia. No me rendiré por mi comunidad. No me rendiré por mi familia. Me mantendré dedicado a la oración. Seguiré orando y orando hasta que venga el avivamiento, la gloria y el avance.

Capítulo 4

ATRAVIESE

Josué se levantó de mañana, y él y todos los hijos de
Israel partieron de Sitim y vinieron hasta el Jordán, y
reposaron allí antes de pasarlo.

—Josué 3:1

Salir de un lugar de desesperación, aflicción, tormento, prueba
y desafío, y atravesar hacia un lugar de paz, sanidad, bendición, favor y prosperidad requiere fe y la presencia de Dios.
Una de las claves de la respuesta de Ana fue que ella buscó la
presencia de Dios. Ella fue a la casa del Señor a orar. Su historia no menciona que ella haya intentado con sus propias fuerzas que las cosas funcionaran. Si recuerda las historias de otras
mujeres estériles en la Biblia, por ejemplo: Sara y Raquel, notará que ellas no procuraron la presencia de Dios cuando buscaban lo que más deseaban. En vez de eso, ellas tomaron cartas
en el asunto y produjeron primero Ismaeles en vez de Isaacs.
Danes en vez de Josés. Ya que Ana permaneció en la presencia
de Dios, ella obtuvo resultados positivos desde la primera vez
y dio a luz a Samuel. Otros ejemplos de hombres y mujeres de
Dios siguen un patrón similar.

Cuando Dios le mandó a Moisés que llevara al pueblo de
Israel del desierto hacia la tierra que fluía leche y miel, Moisés ni
siquiera estaba impresionado con la bendición que había al otro
lado porque Dios dijo que Él no iría con ellos. (Vea Éxodo 33:3).

En lugar de ir, Moisés le suplicó a Dios: "Si tu presencia no va con nosotros, no nos hagas partir de aquí. ¿Pues en qué se conocerá que he hallado gracia ante tus ojos, yo y tu pueblo? ¿No es acaso en que tú vayas con nosotros, para que nosotros, yo y tu pueblo, nos distingamos de todos los demás pueblos que están sobre la faz de la tierra?" (versículos 15–16). Por supuesto, Dios le concedió a Moisés su petición.

Vemos lo mismo en la vida de David. Él era bendecido porque, sin importar la tragedia o triunfo que experimentara, él se aferraba a la presencia de Dios. Para David, su vida dependía de ello.

En el capítulo anterior, vimos que perseverar en la oración nos aparta del lugar de desesperación. Ahora, vamos a usar la historia de cómo Josué y los hijos de Israel pudieron finalmente cruzar hacia la Tierra Prometida como modelo de cómo nosotros podemos cruzar desde nuestro lugar de desesperación y aflicción hacia un lugar de favor, bendición y prosperidad.

Uno de los puntos principales de la historia de ellos, sobre el cual nos enfocaremos, es en obtener nuestro avance, no podemos olvidarnos de llevar a Dios con nosotros al siguiente lugar. Como dijo Moisés, la bendición no vale la pena si perdemos la unción, la gloria y la presencia de Dios en nuestra salida. Dios puede quitarnos todo excepto su presencia, porque si nosotros tenemos la presencia de Dios, podemos recuperar todo lo demás. Con la presencia de Dios usted tiene victoria y gozo y puede derrotar al enemigo. Quiero que reciba la mentalidad de que, aunque su deseo le sea otorgado, nada puede substituir a Dios.

Su presencia es lo único que necesita en su vida para cruzar hacia la brecha abierta, desde un lugar de esterilidad a un lugar de productividad y bendición. Usted no puede cruzar sin ella. Si pierde la presencia, necesitará hacer lo que sea necesario para recuperarla. Si hay pecado en su vida, necesita deshacerse de él. Si hay algo en su vida que entristezca al Espíritu Santo y usted no siente la presencia de Dios, deje que Él examine su corazón. Usted necesita la presencia de Dios en su vida si quiere ser bendecido.

ENTRE AL RÍO

Josué, capítulo 3, es la historia de Josué e Israel cruzando el Jordán para entrar a la tierra de la promesa. Este es el segundo cruce para los israelitas, en realidad, porque ellos ya habían cruzado el mar Rojo al salir de Egipto (vea Éxodo 14). Dios había liberado a Israel de la esclavitud y destruido a faraón. Dios los había libertado y hecho planes para que ellos poseyeran Canaán y la reclamaran como su Tierra Prometida. (Vea Éxodo 6:7–8.) Sin embargo, mientras cruzaban, primero tuvieron que atravesar el desierto y conquistar a algunos enemigos. Allí fue donde perdieron la perspectiva. Ellos murmuraron y se quejaron hasta que Dios los juzgó diciendo que ninguno de ellos vería la Tierra Prometida y que todos morirían en el desierto a causa de su incredulidad. (Vea Deuteronomio 1:26–40; Hebreos 3:18–19.)

Los únicos dos individuos que cruzarían eran Caleb y Josué, quienes tuvieron que esperar cuarenta años hasta que todos los de la generación incrédula murieran antes de que los demás pudieran ir y poseer la tierra. Fueron solo dos de esa generación los que cruzaron, porque ellos creyeron en Dios. Permítame decirle, usted puede morir en su lugar desesperado, su desierto, porque no quiere creer en las promesas de Dios. ¿Puede imaginárselo?

Así que aquí es donde encontramos a Josué en el capítulo 3. Él guio a Israel al río Jordán, ellos acamparon allí por tres días y, ahora, en los versículos 14 y 15, leemos que están a punto de cruzar hacia la Tierra Prometida, excepto que el río Jordán estaba inundado. Se había convertido en un río caudaloso, impetuoso, debido a las lluvias de la primavera. La pregunta se volvió: ¿Cómo más de un millón de personas podrían cruzar este río caudaloso y llegar al otro lado?

Ellos estaban justo allí. Probablemente podían ver la Tierra Prometida desde donde estaban parados, pero algo aparentemente imposible de cruzar bloqueaba su camino. Veamos lo que Dios hace.

> Y mandaron al pueblo, diciendo: Cuando veáis el arca del pacto de Jehová vuestro Dios, y los levitas sacerdotes que la llevan, vosotros saldréis de vuestro lugar y marcharéis en pos de ella...
>
> Y añadió Josué: En esto conoceréis que el Dios viviente está en medio de vosotros, y que él echará de delante de vosotros al cananeo, al heteo, al heveo, al ferezeo, al gergeseo, al amorreo y al jebuseo. He aquí, el arca del pacto del Señor de toda la tierra pasará delante de vosotros en medio del Jordán. Tomad, pues, ahora doce hombres de las tribus de Israel, uno de cada tribu. Y cuando las plantas de los pies de los sacerdotes que llevan el arca de Jehová, Señor de toda la tierra, se asienten en las aguas del Jordán, las aguas del Jordán se dividirán; porque las aguas que vienen de arriba se detendrán en un montón.
>
> —Josué 3:3, 10–13

El énfasis aquí es que Dios, por medio de Josué, le dijo a Israel que Él quería que los sacerdotes y los líderes se separaran del resto del pueblo. Él quería que ellos pasaran con el arca de Dios, el arca del pacto, antes que el resto del pueblo. Y, por fe, ellos tenían que entrar en el río. Ellos no sabían cuán profundo estaba el río. No sabían si lograrían llegar al otro lado. Pero Dios les había ordenado que tomaran el arca, pusieran sus pies en el agua, y procedieran a cruzar el río. Cuando ellos pusieron sus pies en el agua, la Biblia dice que Dios intervino, haciendo que la corriente se detuviera y abrió un camino para que ellos llevaran el arca a través del río. Esto también hizo un camino para que la gente cruzara detrás de ellos.

> Cuando los que llevaban el arca entraron en el Jordán, y los pies de los sacerdotes que llevaban el arca fueron mojados a la orilla del agua (porque el Jordán suele desbordarse por todas sus orillas todo el tiempo de la siega), las aguas que venían de arriba se detuvieron como en un montón bien lejos de la ciudad de Adam, que está al lado de Saretán, y las que descendían al mar del Arabá, al Mar Salado, se acabaron, y fueron divididas; y el pueblo pasó en dirección de Jericó. Mas los sacerdotes que llevaban el arca del pacto de Jehová, estuvieron en seco, firmes en medio del Jordán, *hasta que todo el pueblo hubo acabado de pasar* el Jordán; y todo Israel pasó en seco.
>
> —Josué 3:15–17, énfasis añadido

Aquí vemos que Dios intervendrá sobrenaturalmente en su tiempo de desesperación y abrirá un camino para que usted cruce, completamente. En otras palabras, usted no cruza sin la ayuda de Dios.

Ahora bien, el arca del pacto, claro está, es la caja que Dios le ordenó hacer a Moisés (Éxodo 37). Representa la presencia y la gloria de Dios, a la que, a veces, se le refiere como su Shejiná. Quien tuviera el arca llevaba consigo la presencia de Dios. Israel era la única nación que tenía posesión del arca.

Y esta arca, que representaba la presencia de Dios, abrió camino para que ellos cruzaran hacia la Tierra Prometida.

El mensaje aquí es muy sencillo: usted necesita la presencia de Dios en su vida para cruzar desde su lugar de desesperación hacia su Tierra Prometida. Hay un río corriendo justo frente a usted y usted tiene que tener la fe para entrar en él. Sea este muy profundo o caudaloso y rápido, nada debería impedirle poner su fe en la palabra del Señor sobre su vida y entrar en ese río. Lo que Dios hace después es sobrenatural. Él detendrá la corriente y la revertirá para que usted pueda cruzar hacia el otro lado. Cualquier cosa que venga en su contra, cualquier cosa que haya estado corriendo hacia usted a fin de derrumbarlo y arrastrarlo, será detenida y revertida. Pero usted tiene que llevar la presencia de Dios consigo.

Una de las cosas que me gusta de esta historia es cómo Josué profetizaba las victorias que Dios le daría a Israel cuando hubieran cruzado: "Él echará de delante de vosotros al cananeo, al heteo, al heveo, al ferezeo, al gergeseo, al amorreo y al jebuseo" (Josué 3:10). Dios va a echar fuera de su Tierra Prometida a sus enemigos. Ellos no arruinarán las promesas y bendiciones que Dios ha preparado para usted. Después de que cruce, sus promesas son sí y amén. Sus Peninas, sus Leas, sus Agares serán echadas delante de usted. Usted cruzará para poseer su promesa. Sin embargo, no puede cruzar sin la presencia de Dios. Hablemos de cómo recuperarla en caso de que la haya perdido, y cómo estimularla si sabe que Él está presente.

CAPTURE LA PRESENCIA DE DIOS

Lo que necesitamos ver en esta historia de Josué y los israelitas es que había toda una nueva generación, que creía en Dios, esperando en la orilla de este río. La antigua generación de gente que dudaba y se quejaba había muerto en el desierto. Quiero que vea esta palabra profética y escuche lo que Dios le dice a usted. Si lo permite, el desierto puede ser un lugar donde muere todo su ser, o puede ser un lugar donde la parte de usted que debe morir, muere; y la parte de usted que debe vivir, vive. Abundaremos sobre esto más adelante, pero lo menciono aquí porque debemos entender que el desierto puede ser un lugar de descubrimiento o de gran pérdida.

A veces, estamos en el desierto tanto tiempo que perdemos algo de nuestra batalla. Perdemos algo del fuego de la presencia de Dios y su unción. ¿Ha estado en un lugar así? Ha sido lastimado tanto que es difícil sentir que Dios está con usted. Cuando va a la iglesia, no siente la unción, no siente el gozo y no siente la presencia de Dios. Solo se queda y observa a todos los demás alabando a Dios, pero su mano nunca se levanta. Usted no siente nada. Quizá haya perdido la presencia de Dios. Lo animo de esta manera: es mejor que la recupere antes de que usted trate de llegar más lejos. Usted necesita la presencia de Dios si quiere ser bendecido.

Sé que nos han enseñado a no depender demasiado de los sentimientos, pero creo que Dios quiere que sintamos que Él está con nosotros. Y sabemos que Dios siempre es fiel a sus promesas cuando dice: "estaré contigo; no te dejaré, ni te desampararé" (Josué 1:5), o "he aquí yo estoy con vosotros todos los días, hasta el fin del mundo" (Mateo 28:20). Podemos contar con estas promesas, y a veces orar por medio de ellas y agradecerle a Dios por su presencia hace que *sintamos* que Él está con nosotros. Es reafirmante.

No sé cómo puede la gente pasar largos periodos de tiempo sin sentir que Dios está con ellos en una manera poderosa y manifiesta. Yo no quiero solo conocer su presencia; quiero que su Shejiná: su presencia tangible, manifiesta, esté conmigo. A continuación, la manera de estimularla.

Pídale al Espíritu Santo que examine y purifique su corazón

Escudríñame, oh Dios, y conoce mi corazón;
pruébame y conoce mis inquietudes.
Y ve si hay en mí camino malo,
y guíame en el camino eterno.

—Salmo 139:23–24, lbla

El pecado, el rechazo, la rebeldía, la amargura, la incredulidad y la perversión, todos estos nos separan de Dios. Tal como aprendimos, toda una generación de gente murió en el desierto y no tuvo la oportunidad de poseer las promesas de Dios porque no creía en Dios.

Pídale a Dios que le muestre lo que puede estar separándolo de Él. Si hay pecado en su vida, necesita deshacerse de él. Si tiene algo que entristece al Espíritu Santo y usted no siente la presencia de Dios, pídale al Señor que le muestre qué es. Luego, arrepiéntase y sea libertado.

Alabe y adore

Pero tú eres santo,
tú que habitas entre las alabanzas de Israel.

—Salmo 22:3

Esta palabra *habita* es la palabra griega *yashab*. Significa "morar, permanecer, estar, vivir, estar listo, lugar de residencia".[1] Significa "ocupar como un lugar de residencia fija o de habitación".[2] En otras palabras, Dios habita en nuestra alabanza. Él se siente como en su casa en nuestra alabanza. Él permanece u ocupa nuestra alabanza como si fuera su residencia o su morada. Nuestra alabanza es la habitación de Dios. Así que, si quiere que la presencia de Dios habite y more con usted, abra su boca y alábelo.

Empiece hablándole de su grandeza. Relate las victorias pasadas y cómo Él lo ha rescatado. Si no sabe qué decir, métase en los salmos de David, Hemán y Asaf. Ellos eran los hombres que sabían cómo elogiar al Señor en alabanza continuamente hasta que su gloria descendía. Recuérdese a sí mismo la promesa de Dios de que nunca lo dejará ni lo abandonará. Salte y dígalo en voz alta. No se detenga hasta que la gloria llegue.

Ore y reciba oración

> Cercano está Jehová a todos los que le invocan,
> a todos los que le invocan de veras.
> —Salmo 145:18

El oído de Dios se inclina o se agacha hacia su pueblo. Cuando oramos, Él nos escucha. Él está cerca de nosotros cuando lo llamamos.

Hay muchas maneras de acercarse a Dios. Una escritura dice que nos acerquemos a Dios confiadamente y recibamos ayuda en tiempos de necesidad (Hebreos 4:16). Otra, nos anima a orar con todo tipo de oraciones (Efesios 6:18). Y otra más, dice que oremos sin cesar (1 Tesalonicenses 5:17). Incluso ahora, estamos aprendiendo varios tipos de oraciones para hacer en tiempos desesperados.

Hablar en lenguas. Orar en el Espíritu. Inclinarse ante el Señor. Dejar que alguien ore por usted y le imponga manos para estimular al Espíritu de Dios que está en usted (2 Timoteo 1:6–7). Donde está el Espíritu de Dios, allí está su presencia también. Busque a Dios con entusiasmo y pídale que lo llene. Él dijo que aquellos que lo buscan lo encontrarán (Jeremías 29:13).

Asista a una iglesia que estimule la gloria de Dios

> Y cuando los sacerdotes salieron del santuario (porque todos los sacerdotes que se hallaron habían sido santificados, y no guardaban sus turnos; y los levitas cantores, todos los de Asaf, los de Hemán y los de Jedutún, juntamente con sus hijos y sus hermanos, vestidos de lino fino, estaban con címbalos y salterios y arpas al oriente del altar; y con ellos ciento veinte sacerdotes que tocaban trompetas), cuando sonaban, pues, las trompetas, y cantaban todos a una, para alabar y dar gracias a Jehová, y a medida que alzaban la voz con trompetas y címbalos y otros instrumentos de música, y alababan a Jehová, diciendo: Porque él es bueno, porque su misericordia es para siempre; entonces la casa se llenó de una nube, la casa de Jehová. Y no podían los sacerdotes estar allí para ministrar, por causa de la nube; porque la gloria de Jehová había llenado la casa de Dios.
>
> —2 Crónicas 5:11–14

Ya hemos discutido que el templo de Dios es el lugar de la presencia de Dios. Sin embargo, cuando nos reunimos en la casa del Señor con un corazón puro y consagrado, elevando oraciones y adoración y liberando la palabra del Señor, su presencia descenderá sobre nosotros como una nube. Lo siento, pueblo de Dios, yo no voy a una iglesia donde no pueda sentir unción alguna ni a donde no hay gloria. Sé que andamos por fe y no por vista; pero, como dije anteriormente, tengo que sentir la gloria y la unción de Dios. Su presencia trae gozo, y el gozo del Señor es mi fortaleza. Necesitamos la gloria de Dios en nuestra vida. Necesitamos su presencia, y esta puede bajar sobre nosotros como una nube cuando nos reunimos en su casa para adorarlo.

De un paso de fe y, simplemente, obedezca a Dios

> Entonces le respondió Pedro, y dijo: Señor, si eres tú, manda que yo vaya a ti sobre las aguas. Y él dijo: Ven. Y descendiendo Pedro de la barca, andaba sobre las aguas para ir a Jesús.
>
> —Mateo 14:28–29

Pedro salió de la barca, y Jesús estaba allí con él, capacitándolo para hacer lo imposible. Pedro caminó sobre el agua porque confió en Dios más de lo que confiaba en lo que él pensaba que era posible. Él vio a Jesús allí, la presencia de Dios hecha carne, el arca de Dios, y salió de la barca.

¿Puede imaginarse siendo Pedro o uno de los sacerdotes israelitas en la orilla del río? Ellos dieron un paso hacia el agua solo por obediencia a Dios, sin saber qué era lo que iba a pasar. Ellos nunca habían hecho nada así. Lo que Dios hizo en ambas historias nunca había sucedido.

A veces, usted podría tener que dar un paso de fe y, sencillamente, obedecer a Dios. Tiene que dar el paso. Los sacerdotes se pararon en el agua y, repentinamente, el río empezó a abrirse. Dios hizo un camino para que la nación entera cruzara.

Sea humilde

> Humillaos delante del Señor, y él os exaltará.
>
> —Santiago 4:10

> Dios resiste a los soberbios, y da gracia a los humildes.
>
> —Santiago 4:6

Porque Jehová es excelso,
y atiende al humilde, mas al altivo mira de lejos.
—Salmo 138:6

Dios honra la humildad. Él escucha el clamor de los humildes y les da gracia, lo cual es una manifestación de su presencia. Él resiste y se mantiene alejado del orgulloso. Si usted quiere la presencia de Dios en su vida, sea humilde.

Permanezca cerca de Jesús

Y le despertaron, y le dijeron: Maestro, ¿no tienes cuidado que perecemos? Y levantándose, reprendió al viento, y dijo al mar: Calla, enmudece. Y cesó el viento, y se hizo grande bonanza.
—Marcos 4:38–39

En el ámbito espiritual, usted nunca necesitará despertar a Jesús. Él ha ascendido al cielo y ahora está a la derecha de su Padre (Efesios 1:20). Por lo tanto, en su estado glorificado, Él nunca duerme (Salmo 121:4). Sin embargo, poder hablarle y tener su presencia con usted a lo largo de las tormentas de la vida trae paz y calma. Él calma la tormenta para que usted pueda cruzar en paz hacia el otro lado.

Jesús es el arca. Él es la presencia de Dios hecha carne. Como un regalo de salvación, de recibir el sacrificio de Jesús en la cruz, tenemos acceso a la presencia develada de Dios. Podemos acercarnos confiadamente a Dios a causa de lo que Jesús hizo. Aceptar a Jesús en nuestro corazón significa que Él está con nosotros cuando empieza la tormenta empieza a enfurecer y las cosas empiezan a parecer desesperadas. Podemos recordar que podemos hablarle a la tormenta, tal como lo hizo Jesús, y decir: "Paz, quédate quieta". Él nos ha dado su autoridad para aplastar todo poder del enemigo (Lucas 10:19).

A medida que nos acercamos a Él, Él se acerca a nosotros (Santiago 4:8), y podemos disfrutar de la plenitud de su autoridad, poder y de los beneficios de su presencia.

DEL DESIERTO A LA TIERRA DE LA PROMESA

Quizá usted esté viendo su vida y encuentra que ha estado en un lugar de sequía perpetua, de desesperanza y desilusión. Ha estado clamando a Dios para que lo rescate. Para usted, los problemas en su vida parecen asemejarse al río Jordán. Se siente dominado por ellos desde antes de siquiera dar el primer paso. Su profundidad es demasiado grande; la distancia, demasiado ancha, y la corriente, muy caudalosa. Parece como si no hubiera manera de pasar. Parece como si cruzar fuera imposible. Pero, permítame animarlo nuevamente: cuando usted tiene la presencia de Dios en su vida, nada es imposible. Dios se presentará. Él hará un camino. Él abrirá una brecha, Él hará que el río se detenga. Él partirá el río y, entonces, usted cruzará porque tiene la presencia de Dios en su vida. Si Él lo hizo por el pueblo de Israel en aquel entonces, Él hará un camino para usted ahora, sin importar con lo que esté lidiando. Dios es el mismo ayer, hoy y para siempre.

Israel cruzó del desierto a la Tierra Prometida y del lugar de desierto seco a la tierra fructífera. Ahora, Dios está llevándolo a usted a la tierra que fluye leche y miel. Usted está saliendo de su desierto, su lugar desesperado. Está saliendo de su época seca. ¡No más desierto para su vida!

Escucho al Señor decir: "Te estoy llevando a una tierra sin escasez. Ocuparás una casa que no construiste. Vas a beber de los pozos que no excavaste. Vas a comer de los viñedos que no sembraste. Vas a habitar en una tierra que fluye leche y miel, una buena tierra sobre la que cae lluvia de los cielos".

Cuando Jehová tu Dios te haya introducido en la tierra que juró a tus padres Abraham, Isaac y Jacob que te daría, en ciudades grandes y buenas que tú no edificaste, y casas llenas de todo bien, que tú no llenaste, y cisternas cavadas que tú no cavaste, viñas y olivares que no plantaste, y luego que comas y te sacies, cuídate de no olvidarte de Jehová, que te sacó de la tierra de Egipto, de casa de servidumbre.

—Deuteronomio 6:10–12

Prepárese para cruzar. No se quede en el desierto. No se quede en lo viejo. Cruce a lo nuevo. Entre a la tierra que Dios tiene para usted. Entre a un lugar nuevo. Sepa que es casi demasiado bueno para creerlo, pero le reto a que lo declare en voz alta, incluso ahora. Diga: "Estoy cruzando hacia un lugar bueno".

ORACIONES POR LA PRESENCIA
DE DIOS MIENTRAS CRUZA

Oh, Señor, permite que tu presencia esté sobre
mi vida. Permite que tu gloria esté en mi vida.

Haz algo nuevo y fresco en mi vida, oh, Dios.

Creo que la presencia del Señor está en
mi vida; su gloria está en mi vida.

No cruzaré sin la gloria de Dios en mi vida.

Voy a entrar a un lugar nuevo. Se está abriendo para mí.

Señor, haz un camino para que yo cruce
hacia mi herencia y mi bendición.

No entraré solo a esta nueva tierra, sino que
voy contigo. Tu presencia está conmigo.

Por fe, entro en el agua. Cruzo hacia una nueva época de cosas buenas, en el nombre de Jesús.

Señor, recibo la fe que me das para cruzar.

Señor, estoy listo para mudarme a un lugar nuevo. Estoy listo para cruzar a un lugar nuevo en el que nunca he vivido y para heredar cosas que nunca he tenido.

Señor, estoy listo para poseer cosas que no tuve antes de la pérdida.

Gracias, Señor, por llevarme al otro lado, hacia una tierra llena de prosperidad y bendiciones. Nada me faltará.

Gracias, Señor, porque no voy solo, sino que voy contigo. Tú vas delante de mí y abres el camino. Tu presencia está conmigo.

Señor, recibo tu mandato de dar un paso de fe.
Te escucho decir: "No te quedes donde
estás, sino da un paso de fe".

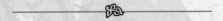

No me quedaré en el desierto. Por fe, pongo mis
pies en el río y lo veo retroceder por mí.

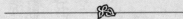

Yo declaro que este es el tiempo para que yo
abandone el lugar seco, el desierto, el lugar
estéril, el lugar de la tentación y la prueba, para
empezar a mudarme a la nueva tierra.

Señor, creo que me darás cosas buenas.
Te escucho decir: "Yo libero cosas buenas
en tu vida. Ninguna cosa buena le será
retenida a quienes andan en rectitud".

Es mi tiempo para ser liberado en un nuevo
ámbito de bendición, prosperidad, favor y
gracia. Declaro que vendrán sobre mí mientras
lleve la presencia de Dios conmigo.

Alabaré, adoraré y danzaré ante el Señor, y
mientras lo hago, veré el camino abierto para
que pueda cruzar de muerte a vida.

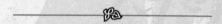

En el nombre de Jesús, cruzo de la escasez a la
abundancia, de la enfermedad a la salud y sanidad,
de las maldiciones a las bendiciones, de donde
me encuentro ahora hacia mi destino y futuro, y
desde lo viejo hacia lo nuevo: nuevas comisiones,
asignaciones, unciones, visiones, sueños, canciones,
alabanza, adoración e, incluso, relaciones.

En el nombre de Jesús rompo con todo espíritu
de duda e incredulidad. Creo en la palabra del
Señor sobre mi vida. No moriré en el desierto.
Cruzaré hacia una tierra que fluye leche y miel.

Capítulo 5

MIL VECES MÁS

¡Que el Señor y Dios de sus padres los haga mil veces más numerosos de lo que ahora son! ¡Que los bendiga, como les ha prometido!

—Deuteronomio 1:11, RVC

D euteronomio es un registro de Dios dando la Ley nuevamente, esta vez a la generación que Dios declaró que nunca se les permitiría entrar en la Tierra Prometida a causa de su incredulidad. Ellos iban a morir en el desierto, y sus hijos, dirigidos por Josué y Caleb, serían los que entrarían. Al principio de Deuteronomio, Moisés estaba recordándole el pacto de Dios, su Ley, a esta generación agonizante. En ella estaba la clave hacia la prosperidad de ellos y de sus hijos mientras se preparaban para entrar a la tierra de Canaán. Si la guardaban, la bendición del Pacto vendría sobre ellos.[1]

Al pronunciar su bendición, Moisés usó la palabra *mil*: "Que el Señor...los haga mil veces más numerosos". Cuando leí esto, empecé a meditar en la palabra *mil*, porque muchas veces ciertos números tienen un significado profético en la Biblia. Hay muchas referencias a *mil* a lo largo de las Escrituras. A continuación, algunos de los significados proféticos que Dios empezó a revelarme sobre este número:

1. Es símbolo de perfección. Una de las referencias más populares es Salmo 50:10 (LBLA), que dice

que "el ganado sobre mil colinas" le pertenece a Dios. Obviamente, esto no es mil colinas literalmente, como si el ganado sobre la colina mil uno no fuera de Él. Descubrí que mil es un número que lo incluye todo. Es un número perfecto: diez veces, diez veces, diez.

2. Es un número que representa plenitud. En el libro de Apocalipsis, los redimidos reinaron con Cristo por mil años. (Vea Apocalipsis 20). Algunos ven estos mil años como un número literal, pero, en realidad, es un número que representa perfección total. Representa a los redimidos entrando completamente en el reino.

3. Es un número de terminación. Aun la Nueva Jerusalén, según la Biblia, tiene el número *mil* en ella. En Apocalipsis 21:14–21, en el proceso de ser asentada y firmemente construida está representado por múltiplos del número *mil*. También se menciona con frecuencia el número doce, que representa gobierno y apostolado (versículo 14). Vemos ambos números aparecer en Apocalipsis 21:16, donde dice que la ciudad medía doce mil estadios.

4. Es un número que representa el cariño divino. La Biblia dice que Dios muestra su misericordia por mil generaciones. No significa que solamente vayan a haber mil generaciones. Es solo un número que habla de por cuánto tiempo la misericordia de Dios se extenderá a su pueblo. La misericordia de Dios es parte de su amor y cariño para nosotros.

5. Es un número que habla de milagros de incremento y expansión. En el Día de Pentecostés, varios miles de personas fueron salvas (Hechos 2:41). Jesús

alimentó a cinco mil (Mateo 14:13–21), y, luego, alimentó también a cuatro mil (Mateo 15:29–39).

6. Es un número que representa un nivel celestial de adoración. Daniel 7:10 nos relata sobre los millares de millares y millones de millones de ángeles que ministraban al Señor. (Esta imagen se repite también en Apocalipsis 5:11). Esto significa que había millones de ángeles adorando al Señor, y el profeta usa el número *mil* para darnos una imagen de la cumbre de adoración en el cielo.

7. Es un número que representa un nivel de generosidad que abre el corazón de Dios. En 1 Reyes 3:4–5, vemos a Salomón dando mil sacrificios cuando dedicó el templo y Dios se le aparece preguntando: "Salomón, ¿qué quieres?". Esto es cuando Salomón le pidió sabiduría, y Dios se dio mucho más.

LA BENDICIÓN COMPLETA DE DIOS

El significado central de lo que estamos aprendiendo sobre cómo atravesar tiempos desesperados es que *mil* representa un ámbito de la bendición completa y total de Dios sobre nuestra vida. Cuando Dios se movía en el corazón de Moisés para repetirle a su pueblo su pacto para bendecirlos mientras ellos se preparaban para cruzar a la promesa, Él dejó en claro que esta bendición particular no era común. Era una bendición que los haría a ellos mil veces más de lo que ya eran. Ellos eran una nación pequeñita. Eran pequeños, pero Dios no los escogió porque fueran muchos. Deuteronomio 7:7–9, dice:

El Señor no puso su amor en vosotros ni os escogió por ser vosotros más numerosos que otro pueblo, pues

79

erais el más pequeño de todos los pueblos; mas porque el Señor os amó y guardó el juramento que hizo a vuestros padres, el Señor os sacó con mano fuerte y os redimió de casa de servidumbre, de la mano de Faraón, rey de Egipto. Reconoce, pues, que el Señor tu Dios es Dios, el Dios fiel, que guarda su pacto y su misericordia hasta mil generaciones con aquellos que le aman y guardan sus mandamientos.

Si usted continúa leyendo un poco más en Deuteronomio 11, verá que el propósito de Dios para aumentarlos por miles era para que ellos pudieran ser lo suficientemente grandes para ocupar la tierra, vencer a los enemigos que habitaban allí y poseer todo lo que Él tenía para ellos. A medida que ellos aumentaran, también podrían poseer más y más. Ellos nunca podrían superar la plenitud de la bendición de Dios. Su bendición, sin importar cuánto más aumentaran, siempre sería más que suficiente.

Esto es lo que creo que Dios también quiere hacer en nuestra vida. A medida que vayamos saliendo del desierto, el lugar seco, la época de prueba, desafío y desesperación, Él quiere bendecirnos y restaurarnos, edificarnos y refrescarnos mil veces más para que podamos poseer todo lo que Él tiene para nosotros y aún más. Dios quiere que usted cruce hacia el ámbito de la llenura y la plenitud, no bendiciones parciales, o una bendición por aquí y otra por allá. No estamos hablando de bendiciones como respuesta a algunas de esas oraciones que hacemos a veces: "Señor, solo bendíceme como tú quieras. Solo dame un pedacito, una bendicioncita". No. Estamos hablando de una bendición que entra a su vida y le satisface totalmente.

Dese cuenta de que estamos dentro de la evidencia, el fruto, de las más de mil promesas de Dios para Israel. El anuncio profético de Moisés de esta bendición nos incluye a nosotros, la iglesia de la época moderna; somos parte del incremento de números que serían añadidos a Israel. A causa de Cristo hemos sido injertados en la simiente de Abraham (Gálatas 3:29). Nos hemos convertido en el Israel de Dios. Junto con los millones de creyentes en el mundo de hoy, somos el cumplimiento de la promesa de Dios para agrandar a Israel por los miles. En cada nación, en cada continente, y por todo el mundo, hay más creyentes en el planeta hoy que en cualquier otro momento de la historia. Somos lo suficientemente grandes para contener la bendición total y plena que Dios tiene para nosotros en esta hora, y aún estamos en línea para recibir la bendición de Dios que fue pronunciada hace miles de años.

Además, comprenda que este nivel de bendición no es algo que proviene del hombre. Dios es quien pronuncia el tipo de bendición de miles más sobre cada área de su vida. Y, cuando lo hace, no hay nada que el diablo, su familia, sus enemigos o cualquier otro pueda hacer para detenerla. Una vez que sale por la unción de Dios, está confirmada en el cielo. Dios se encargará de que su palabra la cumpla. Sus bendiciones para nosotros son tan grandes que Él tiene que continuar incrementando el número de su gente sobre la tierra.

Dios quiere hacer por nosotros más de lo que alguna vez podamos imaginar. Nosotros somos quienes limitamos las bendiciones de Dios. Nosotros limitamos a Dios. Nos satisfacemos con una cantidad determinada. Sin embargo, yo creo que lo que usted está atravesando que le llevó a escoger este libro y a leerlo, también es lo que le conduce a creerle a Dios por más. Esta época en la que se encuentra le está llamando a ir más alto. Es difícil, lo sé. Pero también le desafía a preguntar, "¿Estoy completo? ¿Estoy satisfecho? ¿Acaso no hay más que esto?". Es desafiante recordar quién ha dicho Él que es usted, y que Él le ha llamado favor y ha ordenado su bendición para usted.

Cuando Dios ha enviado una palabra como esta en Deuteronomio 1:11, confíe en que al otro lado del desierto o del lugar seco, la bendición de Dios va a ser mucho más grande de lo que usted jamás imaginó. Mil veces más. Es decir, nos emocionaríamos si fuera el doble o el triple. Nos emocionaríamos por una bendición cien veces más. Pero ¿mil veces más? Escuche, Dios no es Dios de uno, Dios de dos, Dios de tres, Dios de cuatro, Dios de diez, ni siquiera de un ciento. Él es el Dios mil.

LA BENDICIÓN DE LA GENEROSIDAD EN EL ÁMBITO DE LOS MILES

E iba el rey a Gabaón, porque aquél era el lugar alto principal, y sacrificaba allí; mil holocaustos sacrificaba Salomón sobre aquel altar. Y se le apareció Jehová a Salomón en Gabaón una noche en sueños, y le dijo Dios: Pide lo que quieras que yo te dé.

–1 Reyes 3:4–5

A lo largo de mi ministerio, he visto personas que dan miles, y a través de su generosidad, ellos han desatado las bendiciones del ámbito de los miles. Quiero ser cuidadoso al hacer este siguiente punto. Lo que estoy por discutir no se trata de dar más de lo que está en su corazón dar o más de lo que usted tiene. La Biblia dice que usted debe dar según lo propuso en su corazón, "no de mala gana ni por obligación, porque Dios ama al dador alegre" (2 Corintios 9:7). Algunos dan cincuenta. Otros, cien. Dé lo que usted pueda. Sin embargo, ¿con cuánta frecuencia ha escuchado que lo que recibe está ligado a lo que da? Lucas 6:38 dice: "Dad, y se os dará; medida buena, apretada, remecida y rebosando darán en vuestro regazo; porque con la misma medida con que medís, os volverán a medir". ¿Con qué frecuencia ha decretado y declarado: "Soy bendecido para ser de bendición"?

Quiero desafiarlo en esto porque el ámbito de los miles no solo se trata de recibir un nivel nuevo de bendición y aumento. También se trata de lo que su corazón tiene para dar. Podría venir a su vida una época donde usted necesite pedirle a Dios que haga crecer su corazón en el área de la generosidad. Quizá necesite pedirle al Señor que aumente el propósito en su corazón para que su generosidad incremente.

He visto personas entrar al ámbito de los miles en la generosidad y recibir un acceso fuera de lo común a las bendiciones de Dios. En 1 Reyes 3 aprendemos el secreto de cómo Salomón recibió una unción fuera de lo común de sabiduría y riqueza sin igual. No siempre se enseña lo que sucede antes de que alguien sea promovido o que venga una bendición fuera de lo común sobre la vida de una persona. Muchas veces solamente vemos el resultado final y queremos lo que ellos tienen, sin tener en cuenta el costo. Pero en el versículo 4, dice que Salomón ofreció mil sacrificios. Podría ahondar en la cantidad de trabajo que tomó degollar a mil animales, la carnicería, la sangre, el olor y la muerte. Mil sacrificios, mil muertes. ¿Qué tuvo que morir para que Salomón diera y luego recibiera en el ámbito de los miles?

Claro está, lo que leemos aquí se trata de la manera del antiguo pacto para dar una ofrenda, pero veámoslo proféticamente, desde el ámbito del espíritu. Su forma de dar en lo natural no parece compararse a la manera en que algunos de nosotros damos. Cuando se nos presenta una oportunidad para darle al Señor, algunos de nosotros buscamos en nuestras carteras o billeteras; sacamos una chequera, una tarjeta o efectivo; damos un poquito en el plato o recipiente de la ofrenda; y seguimos adelante sin pensarlo mucho, sin dificultad. No hay esfuerzo físico ni espiritual, ni derrame de sangre, ni dificultad o sacrificio. Ahora bien, no malentienda lo que digo. Cristo murió, y nuestra deuda fue pagada. No se trata de la ofrenda por el pecado o la expiación. Esto se trata del espíritu y la intención detrás de lo que le damos a Dios. Quizá haya un ámbito al que debamos acudir en nuestro dar, donde seamos más intencionales y desafiados a dar más para recibir un nivel de bendición y avance fuera de lo común.

Después de que Salomón ofreció mil sacrificios, el versículo 5 dice que Dios apareció y le dijo: "Pide lo que quieras de mí". ¿Lo que usted da hace que Dios se presente personalmente ante usted, frente a frente, y le diga: "Pídeme lo que quieras"? ¿Se imagina? ¿Qué pediría usted? ¿Un vehículo lujoso o alguna otra cosa material? ¿Le daría la oportunidad para que Él decida, "De la manera que quieras bendecirme, Señor, bendíceme"? Bien, Salomón fue específico, y él no pidió nada material y temporal. Él pidió sabiduría.

Si somos sinceros, la mayoría de nosotros nunca habría pedido sabiduría, pero esa fue la petición más inteligente. ¿Sabe por qué? La sabiduría trae toda la bendición de Dios. Cuando usted tiene sabiduría, tiene todo lo que necesita.

Sin embargo, a Salomón no se le dio esta rara oportunidad con Dios hasta que le ofreció mil sacrificios. Mientras estudiaba esto, me preguntaba, ¿qué hizo que él no ofreciera solo uno, o dos, o incluso tres sacrificios? Él ofreció mil porque hay algo significativo sobre ese número. Algunos de nosotros necesitamos aumentar nuestro dar para entrar al ámbito de los miles. Nos gusta recibir en el ámbito de los miles, pero pensar en dar en ese ámbito empieza a sentirse un poco incómodo.

Cuando oramos para ingresar al ámbito donde recibimos bendiciones a niveles de miles, también debemos orar por entrar en otro ámbito de dar. Necesitamos romper con este ámbito de tener solo lo suficiente. Necesitamos empezar a pensar en términos de miles. Necesitamos empezar a pensar más en grande. Dios es muy grande. Él es un Dios de miles.

ALGO GRANDE, ALGO RÁPIDO

El pequeño vendrá a ser mil, el menor, un pueblo fuerte. Yo Jehová, a su tiempo haré que esto sea cumplido pronto.

—Isaías 60:22

La bendición de Dios está representada por un mil. Al ver Isaías 60:22, creo que mil es un símbolo de algo grande. Creo que Dios está diciendo que hay un momento cuando Él ordenará su bendición, y Él lo hará rápido. Hay un par de escrituras respecto a esto que me gustan. Una está en Deuteronomio 28:8:

Jehová te enviará su bendición sobre tus graneros, y sobre todo aquello en que pusieres tu mano; y te bendecirá en la tierra que Jehová tu Dios te da.

Y la otra está en Amós 9:13 (*El Mensaje,* Casa Creación):

"Sí, sin duda, no tardará mucho". Es el decreto de Dios. "Las cosas sucederán tan rápido que tu cabeza te dará vueltas, una cosa tras otra. No podrás seguir el ritmo. Todo sucederá a la vez, y a donde veas, ¡bendiciones! Bendiciones como vino bajando de las montañas y los montes".

Dios hará que su bendición venga rápidamente sobre usted. La bendición no tardará en manifestarse. Él lo tomará a usted —al pequeño— y lo convertirá en mil. Él va a multiplicarlo a usted por mil.

El número *mil* es simbólico, y el versículo en Isaías 60 es sobre una bendición profética. Ya hemos discutido lo que el número *mil* representa. En muchas maneras es una imagen de vivir en el reino. Cuando usted entra al reino, entra a un ámbito que es sobrenatural. Cuando usted viene al reino, entra a un ámbito de multiplicación. Cuando viene al reino, puede venir pobre, quebrantado, deprimido, desanimado y maldito, pero también entra en la bendición de Dios. Cuando está en el reino y se acerca a la palabra profética de Dios, la presencia de Dios y al Rey de reyes, Él extiende su cetro sobre su vida, Él puede hacer más en usted en un periodo rápido de tiempo de lo que un ser humano puede hacer en toda su vida.

Dios dijo: "Estoy haciendo algo tan rápido y grande en tu vida. Voy a enviar bendiciones por millar sobre tu vida. Voy a multiplicarte y a poner un llamado, una unción, un propósito, una bendición o un manto sobre ti que el ser humano no puede poner sobre ti. Voy a traerte al ámbito eterno, el ámbito del Espíritu y al de los miles. Voy a traerte al ámbito del milenio".

De lo que hemos estado hablando en este capítulo no es solamente algo terrenal. Estamos hablando de una eternidad de bendición e incremento. Hablamos del nuevo cielo y la nueva Tierra, mil años de leones y lobos viviendo juntos (Isaías 11:6). Dios está pensando en su reino y llevándonos a su perfección y plenitud. Él nos lleva al lugar de lo imposible, donde los milagros suceden a diario, el lugar donde la gente podría decir que no puede suceder, pero Dios mandará sobrenaturalmente que sí suceda. Puede ser que la gente lo haya maldecido y dicho: "Tú nunca tendrás nada. Nunca producirás. Nunca serás nada". Podría haber cuestionado su fe. Pero Dios es galardonador de los que lo buscan diligentemente (Hebreos 11:6), y Él dice ahora: "Voy a mandar que mi bendición sea desatada sobre ti".

Lo que Dios está planeando para usted asombrará a sus adversarios y confundirá a sus enemigos. Ellos preguntarán: "¿Cómo has conseguido lo que tienes?". Y usted le dirá: "No con ejército, ni con fuerza, sino con el Espíritu del Señor (Zacarías 4:6). ¡Dios ha enviado su bendición sobre mi vida!".

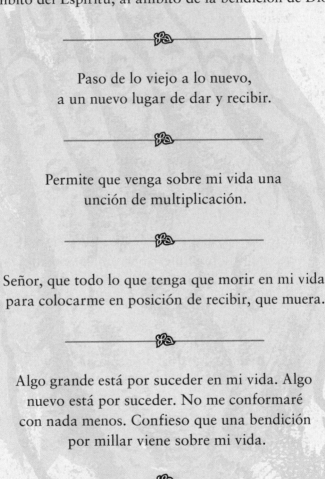

ORACIONES PARA LIBERAR LAS BENDICIONES DE MIL VECES MÁS

Gracias, Señor, de que por fe puedo entrar al ámbito de los miles, al ámbito de Dios, al ámbito de lo ilimitado, al ámbito del Espíritu, al ámbito de la bendición de Dios.

Paso de lo viejo a lo nuevo,
a un nuevo lugar de dar y recibir.

Permite que venga sobre mi vida una
unción de multiplicación.

Señor, que todo lo que tenga que morir en mi vida
para colocarme en posición de recibir, que muera.

Algo grande está por suceder en mi vida. Algo
nuevo está por suceder. No me conformaré
con nada menos. Confieso que una bendición
por millar viene sobre mi vida.

Señor, tú haces cosas que no son comunes.
Te pido que hagas lo inusual en mi vida.

Señor, haz que lo pequeño se vuelva mil.

Señor, bendice mis finanzas por millar.
Bendice a mi iglesia por millar. Bendice mi
ministerio por millar. Permite que una unción
de multiplicación venga sobre mi vida.

Dios, te pido que me bendigas y me multipliques.
Libera tu gracia, favor, paz y prosperidad sobre mi vida.

Señor, llévame al ámbito de los miles. Permite
que miles sobre miles sobre miles vengan
sobre mí, en el nombre de Jesús.

Señor, a medida que doy, aumenta mi capacidad
de dar en el ámbito de los miles. A medida que
doy mil veces más, permíteme recibir bendiciones
por millar sobre mi vida, en el nombre de Jesús.
Bendíceme para que pueda ser de bendición.

Declaro y profetizo que estoy por entrar en otro
ámbito de bendición, un ámbito ilimitado de favor
y finanzas ilimitadas, en el nombre de Jesús.

Capítulo 6

LA GLORIA DE DIOS LIBERADA

Será su nombre para siempre, se perpetuará su nombre mientras dure el sol. Benditas serán en él todas las naciones; Lo llamarán bienaventurado. Bendito Jehová Dios, el Dios de Israel, el único que hace maravillas. Bendito su nombre glorioso para siempre, y toda la tierra sea llena de su gloria. Amén y Amén. Aquí terminan las oraciones de David, hijo de Isaí.

—Salmo 72:17–20

En los capítulos anteriores vimos cómo Ana perseveró a través de su época de infertilidad e improductividad y pasó de suplicarle a Dios con oraciones persistentes y desesperadas a profetizar de nuevo. El centro de su atención pasó de su situación (cuando ella estaba necesitada) a la condición de su nación cuando el Señor reveló el propósito mayor para la promesa que había nacido por medio de ella. Aunque su época de desesperación había pasado, su nación también enfrentaba un tiempo desesperado ya que no habían recibido ninguna palabra profética durante algún tiempo.

Ya que ella había sido libertada, tenía fe para ponerse en la brecha a favor de su pueblo: "Jehová empobrece, y él enriquece", profetizó. "Abate, y enaltece. Él levanta del polvo al pobre, y del muladar exalta al menesteroso, para hacerle sentarse con príncipes y heredar un sitio de honor" (1 Samuel 2:7–8). Ella profetizaba la bendición del Señor, que su pueblo pronto heredaría un trono de gloria.

Cuando usted pasa de la desesperación a la plenitud, se da cuenta de que lo que ha recibido de Dios no es solo para usted. Su tiempo de ser perfeccionado en el desierto: la fortaleza, la fe y la osadía que recibió durante ese tiempo, lo ha preparado para creer que ese mismo nivel de incremento, bendición, liberación y prosperidad será liberado en la tierra.

Es tiempo de hacer oraciones desesperadas por más que solo usted y los suyos. Necesita empezar a hacer oraciones desesperadas por los tiempos desesperados en nuestro mundo. Dios quiere que todas las naciones de la tierra conozcan su poder, amor y favor. Así como Ana empezó a pronunciar la voluntad de Dios para su nación, Dios le llama a decir lo que Él ha hecho por usted y a proclamar su gloria en la tierra.

AJÚSTESE AL PLAN DE DIOS PARA LA TIERRA

Sin importar a donde vaya en el mundo —qué idioma habla la gente, cuál es el color de su piel o cómo es su cultura— cada persona tiene en su interior el deseo de conectarse con Dios, de entrar en contacto con el Dios viviente y sentir su presencia. Muchos no entienden ese anhelo, pero buscan la gloria de Dios. Dios ha puesto algo dentro de nosotros, cada uno de nosotros, que realmente anhela entrar en contacto con el cielo, conocer el poder, la atmósfera, la unción y la gloria del cielo. Y, entonces, Dios ha preparado un camino a través del evangelio, la iglesia, las prédicas y las enseñanzas para que su gloria sea experimentada a través de todo el mundo, y la tierra será llena de su gloria.

Lo que me encanta de este pasaje especial en el Salmo que inició este capítulo es que nos da, según yo creo, el plan de Dios para la tierra. Se encuentra en el versículo 19: "Bendito su nombre glorioso para siempre, y toda la tierra sea llena de su gloria".

Siempre ha sido la voluntad de Dios que toda la tierra sea llena de su gloria, que cada nación, cada familia y cada lengua experimenten su presencia, favor y poder. Los equipos de mi ministerio y yo atestiguamos una expansión de la gloria de Dios cuando ministramos en todo el mundo. Estamos viendo grandes iglesias llenas de la gloria de Dios levantándose en diferentes partes del mundo. Vemos personas de todos los idiomas y culturas entrando en contacto con la presencia de Dios a través de adoración, alabanza, oír la Palabra de Dios y experimentar la gloria manifiesta de Dios.

Este ha sido siempre el plan de Dios. Cuando Él le habló a Abraham y le dijo: "en ti serán benditas todas las familias (naciones) de la tierra" (Génesis 12:3, LBLA, énfasis añadido), nunca se trató exclusivamente de Israel. Siempre fue sobre el mundo entero. Dios usó a Israel como el pueblo del pacto a través del cual vendría el Mesías y de su tierra, Jerusalén, el evangelio saldría hacia todo el mundo. Por eso, Jesús nos mandó a predicar el evangelio a toda criatura.

Antes de que esto sucediera, David vio, por medio del Espíritu de Dios, al mundo entero lleno de la gloria de Dios. Y solamente Dios pudo habérselo revelado, porque David pasó toda su vida dentro del pequeño territorio de Israel y nunca salió de allí, excepto cuando, huyendo de Saúl, fue a la tierra de los filisteos. En otras palabras, su vida de oración y su manto profético lo llevó fuera del lugar donde había vivido y le mostró todo el propósito y el plan de Dios, no solo para toda su nación, sino también para toda la tierra. Su visión no estaba limitada. Él no estaba limitado por el lugar donde vivía ni por lo que veía en lo natural. Él tuvo una visión para salir de eso y ver al mundo entero lleno de la gloria de Dios.

UNA VISIÓN PARA LAS NACIONES

Yo creo que, si usted va a tener la mentalidad del reino, tiene que tener la mentalidad de que los deseos, sueños y visiones que Dios le da no son solo para su ciudad, familia o iglesia, sino para todo el mundo. Dios es mucho más grande que su iglesia. Él es mucho más grande que su denominación. Muchas veces, el problema que las iglesias tienen es que su visión se limita a su iglesia o denominación. Ellos no ven fuera de eso. No tienen una visión mundial.

Sin embargo, Dios quiere que tengamos una visión para las naciones. Él dice: "Pídeme, y te daré por herencia las naciones, y como posesión tuya los confines de la tierra" (Salmo 2:8). Muchas veces, hablamos de poseer la tierra y de ser bendecidos y rescatados, sanados y libertados desde una perspectiva personal. Sin embargo, la bendición del Señor también es para que el mundo vea que Dios es real, y que su presencia y su gloria están disponibles para todos.

Cuando usted entre en contacto con la unción profética y el Espíritu de Dios entre a su vida, empezará a ver más allá de su familia, de las cuatro paredes de su iglesia y de los límites de su ciudad. Empezará a tener una visión que es mucho más grande de lo que puede ver en lo natural porque el Espíritu de Dios empezará a mostrarle el plan de Dios, el cual es mucho más grande que usted y su familia, su iglesia y su denominación.

Necesitamos que el Espíritu de Dios nos ayude a ver más allá de lo que vemos en lo natural y en nuestras circunstancias o alrededores. Si usted, alguna vez, conociera a alguien de mi iglesia o en mi ministerio, todos le dirían que yo animo a las personas a viajar porque cuando uno va a lugares diferentes y ve cosas diferentes es capaz de apartarse de la ignorancia de su vida y expandir su cosmovisión. Si no puede viajar, obtenga un libro y lea sobre algún lugar diferente. El mundo es mucho más grande de lo que usted cree.

Más de 7.5 mil millones de personas viven en este planeta y, ya sea que lo sepan o no, quieren entrar en contacto con la gloria de Dios. Cuando usted empieza a permitir que el Espíritu de Dios hable a su corazón por encima de los problemas de su vida, usted empezará a hacer oraciones que estimulen su visión para el mundo.

MÁS ALLÁ DE SU ENTENDIMIENTO

Cuando la gloria de Dios entra a su vida y usted ha sido lleno de su Espíritu, creo que Dios empezará a decirle cosas en las que nunca había pensado. Creo que usted va a orar en maneras que nunca pensó que podría orar. El Espíritu de Dios le llevará más allá de su entendimiento de sobre cómo usted ve el mundo e, incluso, a sí mismo.

David es un ejemplo de esto. Él era un judío que vivía en Israel. Estaba limitado a esa nación y no salió de ella. Todo lo que pudo ver con sus ojos naturales fue Israel y sus doce tribus y el templo en Jerusalén. Sin embargo, en el espíritu, en oración, Dios lo llevó más allá de su tierra, hasta el punto en que oró: "y toda la tierra —el mundo entero— sea llena de su gloria". (Vea Salmo 72:19.) En otras palabras, Dios quería que él viera, por encima de su propia área y era, hacia un tiempo cuando el planeta completo experimentaría su gloria.

Eso es lo que hace la unción profética. Eso sucede cuando usted ora proféticamente. Dios tomará su oración inicial y su interpretación y, por su Espíritu, empezará a orar, por medio de usted, cosas que están más allá de su comprensión natural. Empezará a hacer oraciones que la gente catalogará como absurdas. El Espíritu de Dios romperá los límites de su mente. Por lo tanto, muchas veces enseño que lo profético es más que solo pronunciar anticipadamente la palabra del Señor. Lo profético incluye su vida de oración. Incluye su vida de adoración. Incluye las canciones que canta y las expresiones divinas que salen de su boca. Incluye tener una mentalidad profética, por medio de la cual, en el espíritu, Dios lleva sus oraciones a lugares que usted nunca había visto.

Viajar en el espíritu

Mientras estaba en África en un viaje ministerial, uno de los ministros que viajaba conmigo me dijo que, hacía años, él había tenido la visión de venir al lugar al que acabábamos de llegar. Dijo que vio la calle y la gente a la que estábamos ministrando. Dijo que Dios lo había llevado, en el espíritu, y le había mostrado el lugar donde estábamos.

Creo que Dios puede llevarlo en el espíritu a lugares aun antes de que usted llegue físicamente. Sé que esto es profundo para algunas personas y que podría ser un problema con la iglesia. Hablamos del Espíritu Santo y decimos que creemos en su poder, pero no esperamos andar completamente en ese poder. Así que cuando escuchamos de cosas sobrenaturales como la que acabo de describir, la gente piensa que el testimonio es excéntrico, raro y, simplemente, demasiado espiritual y profundo. Pero ese es el Espíritu de Dios; Él puede hacer lo que sea. El Espíritu de Dios no está limitado por sus circunstancias naturales, y Él se preocupa por todo el planeta, por el mundo entero.

Dios puede sacarlo de ese lugar de limitación y llevarlo a lugares donde nunca soñó que podía ir. Esto es lo que hace de servir a Dios una aventura. Siempre debería ser emocionante servir a Dios. Nunca debería ser aburrido o rutinario. Servir al Señor no debería tratarse solo de ir a la iglesia y tener un buen servicio religioso. ¿Quién quiere servir a un Dios aburrido? ¿Quién quiere llevar una vida promedio, aburrida, sin milagros, avances ni gloria? ¿Quién quiere llevar una vida con Dios donde no haya nada nuevo y fresco, nada milagroso y sobrenatural? Todos queremos experimentar la gloria y el poder sobrenatural de Dios que viene a través del Espíritu Santo.

RESPONDA EL LLAMADO MACEDONIO

Este es mi testimonio de cómo Dios me llevó por encima de todo lo que había conocido y me dio el deseo por ver a las naciones llenas de su gloria. Crecí en un barrio en el lado sur de Chicago. Durante la mayor parte de mi juventud, nunca fui a ninguna parte; y nunca estuve en un avión. Una vez fui a un campamento. Era el campamento del Ejército de Salvación, y fui solo porque era gratuito. Mis padres no tenían vehículo, pero le agradezco a Dios por el amor y cuidado que me dieron. Sin embargo, desde que entré en contacto con el Espíritu Santo y el poder de Dios, Él me ha llevado a lugares que yo ni siquiera sabía que estaban en el mapa. Esas oportunidades no sucedieron por espada, ni por ejército, sino por el Espíritu de Dios.

Con frecuencia cuento esta historia de mi primer viaje a las Islas Salomón. Cuando nuestro vuelo se estaba acercando a la isla, fue desviado inmediatamente. No podíamos entrar directamente. Tuvimos que pasar por Australia hacia una ciudad llamada Honiara, en las Islas Salomón. Una vez que aterrizamos, me enteré de que estaba en una guerra civil, algo que le deberían informar al conferencista invitado antes de que llegara. Al descubrir esto, mi pensamiento fue: "Por favor, déjenme predicar, y sáquenme de allí". No sabía por qué estaban peleando, pero yo no tenía nada que ver con eso. Trataron de que me sintiera seguro cuando me dijeron: "Está bien. Los rebeldes están afuera de la ciudad". Yo pensaba: "¿Están afuera de la ciudad? Pero ¿cuándo llegan? Quiero saber cuándo van a llegar allí".

Esa mañana, habían encontrado tres cabezas en canastas en el mercado. Yo le dije al Señor: "Dios, esto va muy bien. Guerra civil. Decapitados. Y yo tengo que predicar. ¿Qué quieres que les diga a estas personas?". Finalmente, Él me dio una palabra y yo subí y prediqué ante unas ochocientas personas, la mayoría de ellas eran jóvenes. Fue una reunión al aire libre. Prediqué un mensaje que estaba fresco en mi corazón en ese momento; se trataba de cuando Dios le da a usted un mensaje sobre ir a las naciones. Pregunté: "¿Cuántos quieren ir?". Todos corrieron al altar. Estaban tratando de salir de esa isla. Estaban listos para una palabra. Habrían ido a cualquier parte, menos al lugar donde estaban.

Al final del servicio, nos suplicaron que oráramos por ellos. Cuando lo hicimos, el poder de Dios cayó en ese lugar, y aquellos jóvenes empezaron a caer. Les profetizamos. Fue maravilloso. Ese fue uno de los servicios más ungidos que yo haya visto, y fue en un lugar que nunca había visto, un lugar en medio de una guerra civil donde la gente estaba siendo decapitada. Era un desastre en lo natural, pero la palabra del Señor bajó y su poder se derramó porque Dios ama a la gente. Es sorprendente lo que sucedió allí.

Mientras le daba gracias a Dios de que había podido subir a un avión y salir de allí, no pude evitar pensar también en que yo era una persona del lado sur de Chicago predicando el poder de Dios en las Islas Salomón. Ni siquiera había escuchado de ese lugar. Nunca había estado allí. En realidad, hasta ese punto, nunca había estado en ninguna parte. Sin embargo, allí estaba yo, en una isla remota en el Pacífico, profetizando e imponiendo manos sobre todos estos líderes. Así es como la gloria de Dios llena la tierra. Empieza con un fuego en nuestro interior y nosotros lo llevamos a los confines de la tierra.

Un tiempo después, llevamos un equipo a una nación llamada Vanuatu, otra isla en el Pacífico sur. ¿Ha oído de ella? Una temporada del programa de televisión *Survivor* se filmó allí. Aunque, obviamente, yo no era parte del show, sentí que podía decir que sobreviví Vanuatu. Es un lugar lleno de junglas, y es tan cálido y húmedo que los miembros de mi equipo se desmayaban. Sin embargo, oramos, predicamos y ministramos a la gente de allí, un pueblo que durante muchos años yo ni siquiera sabía que existía.

Dios puede llevarlo a lugares que nunca imaginó ir, pues siempre hay un llamado macedonio. (Vea Hechos 16:6–10). Siempre hay alguien que dice: "Vengan a ayudarnos". Siempre hay alguien que dice: "Necesitamos la palabra del Señor. Necesitamos liberación. Necesitamos enseñanza". Dios hará que usted sea asignado para ir a lugares que nunca imaginó.

Ir a las naciones no es necesariamente para cualquiera. Su asignación podría estar en su propia ciudad o en alguna parte de su país. Sin embargo, lo que quiero compartirle es lo que creo que es un entendimiento profético de cómo Dios hace que hombres como David oren proféticamente para que el mundo entero esté lleno de la gloria de Dios. Como he dicho, siempre ha sido el plan de Dios que la tierra experimente su gloria, su presencia, su poder y su Espíritu. Siempre ha sido su plan que la gente de todas las naciones entre en contacto con su gloria, con la adoración verdadera. En esta atmósfera, Dios nos habla, somos sanados, somos libertados y bendecidos y encontramos el poder y la presencia de Dios, lo que cambia nuestra vida para siempre.

NO SOLO PARA EL CIELO

La gloria de Dios no es solamente para el cielo. También es para la tierra. Dios quiere que usted experimente su gloria mientras viva en este planeta. Ninguna persona debería vivir sin la gloria de Dios en su vida. Cada uno de nosotros puede experimentar la gloria y la presencia de Dios. De hecho, Dios lo ha creado para experimentar su gloria. Si no está experimentando su gloria, está viviendo por debajo de sus privilegios como hijo de Dios. Si no está experimentando la presencia y la gloria y la unción de Dios, usted está viviendo por debajo de su privilegio como ser humano.

Antes de que viniera aquí, hubo personas que oraron por usted. David era una de ellas. Él oró, hace generaciones, que usted pudiera experimentar la gloria de Dios. Pero David era uno entre muchos que, a lo largo de generaciones, oraron para que Dios le mostrara a usted su gloria. En otras palabras, usted está aquí y tiene una oportunidad para experimentar la gloria de Dios no solo debido a lo que está orando ahora, sino porque alguien oró antes de que llegara aquí.

Gracias a Dios, alguien oró para que la gloria de Dios tocara esta generación. Gracias a Dios, alguien oró para que Chicago, los Estados Unidos, la tierra y las naciones experimentaran la gloria de Dios. Esa persona podría estar muerta ahora, un día lo conocerá en el cielo, pero gracias a Dios que alguien oró para que usted y yo encontráramos a Dios, para que pudiéramos ser salvos, para que pudiéramos experimentar lo que experimentamos hoy día. Gracias a Dios que alguien, que ni siquiera nos conocía, oró antes de que llegáramos aquí: "Señor, visita la tierra. Señor, libera tu gloria. Señor, envía avivamiento. Señor, levanta a tu pueblo. Señor, manifiesta tu poder". Y, entonces, aquí estamos, experimentando la gloria de Dios en nuestra generación.

Sin embargo, ¿adivine qué? Dios no solo quiere que nosotros experimentemos su gloria. Él quiere que oremos para que las generaciones venideras también experimenten lo que nosotros experimentamos aquí. Dios quiere que oremos para que Él se manifieste en las naciones donde no hay gloria y que su iglesia empiece a surgir en esos lugares. Se lo explicaré de esta manera: Alguien oró por usted. Usted fue rescatado. Sus oraciones fueron respondidas. Sus necesidades fueron cubiertas. Usted ha alcanzado *shalom*, la paz y bendición plenas del Señor. Ahora, es tiempo de que usted ore por alguien más. Es el momento para que usted se pare en la casa de Dios y levante sus manos y diga: "Dios, muestra tu gloria. Toca a la siguiente generación. Muévete en mi país. Manifiesta tu poder. Permite que alguien que aún no ha nacido te encuentre, oh Dios, cuando venga a este mundo. Permite que viva para ti".

SUS ORACIONES NO TERMINAN SINO HASTA QUE LA GLORIA DE DIOS VENGA

Preste atención a esto: sus oraciones no terminan hasta que usted ore para que la gloria de Dios toque la tierra. Sus oraciones no llegan a un final hasta que usted le pida a Dios llenar la tierra con su gloria. Allí fue cuando las oraciones de David llegaron a un final, cuando él le pido a Dios que se moviera más allá se de sí mismo, su pueblo y su nación.

No se trata de mi gloria o de la suya; se trata de la gloria de Dios. No se trata de usted o de mí, mi iglesia, su iglesia o cuán grandes son nuestros ministerios, o cuán magníficos somos. No se trata de mi título o del suyo o de cómo nos llama la gente. No se trata de cuántos feligreses tengo, o en cuántos canales de televisión salgo, o cuántos libros he escrito. No se trata de mí y de mi ministerio, mi llamado y mi unción. Se trata solamente de una cosa, y eso es la gloria de Dios. Deje que el Señor sea glorificado. No se trata de nosotros, se trata de Él.

SOLAMENTE UNA COSA ES ETERNA

Una vez apartada nuestra mente de nosotros mismos y que nos damos cuenta de que fuimos creados para la gloria de Dios, Él nos bendecirá, promoverá y exaltará. Él hizo rey a David. Es decir, David me sorprende. Él era un joven pastor que estaba al otro lado del desierto apacentando ovejas. Ni siquiera era lo suficientemente importante para que su padre, Isaí, lo mandara llamar cuando Samuel llegó para ungir al futuro rey de Israel. (Vea 1 Samuel 16). Pero Samuel se paró ante cada uno de los hermanos de David y decía: "Él no es el elegido", hasta que no quedó ninguno. Cuando volteó a ver a Isaí y le preguntó si tenía otros hijos, él dijo: "Sí, tengo un niño pequeño, llamado David". Tan pronto David entró, Dios dijo: "Él es el elegido. Sobre él derramé la unción".

Dios lo llevará de ser un "don nadie" a ser alguien cuando vea que usted promoverá la voluntad de Él sobre la tierra. Por esta razón somos rescatados y libertados: para que no haya estorbo entre Dios y nosotros, y Él pueda derramar su gloria en nosotros y por medio de nosotros. Dios puede exaltarlo a usted.

Lo que me encanta de David es que, independientemente de la manera en que Dios lo promovió, él entendía que un día iba a morir. Entendía que, un día, él no viviría sobre la tierra. Entendía que un día iba a morir e iría a estar con Dios. Entendía que todo lo que veía era limitado y temporal. Solamente una cosa es eterna, y eso es la gloria de Dios.

Como creyente que comprende que usted tiene cierto número de años sobre esta tierra, que no va a vivir para siempre, el enfoque de su oración debería ser: "Señor, yo sé que por encima de mi vida hay algo muy importante. Se llama, tu gloria. Señor, sé que hay personas que todavía no han experimentado lo que yo, y no puedo descansar mientras sepa que hay personas perdidas, viviendo en las tinieblas, que nunca han experimentado lo que yo tengo".

Claro está, mientras usted viva en este planeta puede disfrutar la vida, la familia y los amigos. Puede disfrutar las cosas que Dios le ha dado. Es bueno ir a la iglesia a adorar y alabar, a encontrarse con Dios, y ser bendecido y tocado por su gloria. Pero cuando todo eso termine, aún hay alguien que necesita salvación. Todavía hay alguien que no conoce la gloria de Dios.

Que su oración sea: "Señor, permite que tu gloria toque a mi familia. Permite que tu gloria toque mi vecindario. Que tu gloria toque mi ciudad. Pero, por encima de eso, Señor, que toque África, Europa y Asia. Permite que toque América del Sur. Deja que toque las islas de los mares. Señor, permite que tu gloria toque a todo ser viviente".

Cuando empiece a orar más allá de sí mismo y entienda la visión de Dios para toda la tierra, no podrá guardárselo para sí mismo. Ana no lo hizo. David no lo hizo. Cuando usted toque a Dios, no podrá mantener su boca cerrada.

LA GLORIA DE DIOS CAMBIA SUS ORACIONES

A medida que usted cruza hacia un lugar de *shalom* —bendición, paz y prosperidad— hacia su tierra prometida, donde las bendiciones prometidas de Dios han sido liberadas para usted, empezará a imaginar cómo sería la vida si todos tuvieran acceso a este mismo nivel de bendición. Esto es lo que la gloria de Dios hará en su vida. Cambiará la manera en que ora y piensa sobre el mundo que lo rodea. Una vez que haya entrado en contacto con la gloria de Dios, usted orará como David: "Para ver tu poder y tu gloria, como te he visto en el santuario. ¡Oh, para ver tu gloria llenar la tierra!" (Salmo 63:2, parafraseado por el autor).

Esta es la oración de alguien que se ha encontrado con la gloria de Dios, cuya vida ha sido tocada por Dios. No es de sorprenderse que David estuviera orando para que la tierra fuera llena de la gloria de Dios. Una vez que usted experimente la presencia y la gloria de Dios, no puede mantenerlo en secreto. Usted quiere compartirla con toda persona con la que se encuentra. Una vez que usted haya estado en contacto con la gloria, el poder y la gracia de Dios, usted se lo cuenta a su familia, amigos, enemigos e, incluso, a otras naciones.

Debido a que alguien oró: "Que tu gloria llene la tierra", llegará el día cuando aquellos que no conocen a Dios clamarán su nombre y serán salvos. A veces, la gente ve el norte de África: Argelia, Mali, Libia, Egipto y otras naciones predominantemente musulmanas, con poca expectativa de que la gloria de Dios pueda penetrar sus regiones. Sin embargo, Dios dice: "Yo también puedo cambiarlos a ellos. Mi gloria viene a Egipto. Viene a

Libia, Argelia y Marruecos. Mi gloria llenará la tierra". Quizá no suceda durante mi vida aquí, pero llegará el día cuando las naciones musulmanas invoquen el nombre de Jesús. Llegará el día cuando la gente deje de ver las malas noticias y empiece a orar por un avivamiento. Llegará el día cuando la gente deje de ver cuán desordenado está el mundo y vea más allá de la manera en que se ven las cosas en lo natural: más allá de los problemas, la guerra y el dolor, y vea la gloria de Dios.

Se requiere de gente profética para ver la gloria. La gente profética puede encontrarse con un desorden y decir: "Veo la gloria que sale de esto". Un profeta puede entrar a la vida de una persona cuando está en desorden y decir: "Veo por encima de esto. Veo a Dios rescatándote. Veo a Dios restaurándote. Veo milagros. Veo sanidad. Veo poder. Veo gloria". Necesitamos personas que puedan ver más allá. Necesitamos personas que puedan entrar a una nación y empezar a profetizar que se acerca un avivamiento. Necesitamos personas que se arrodillen y oren proféticamente para que la gloria de Dios sea liberada. ¿Es usted una de ellas?

ORE POR ENCIMA DE SUS CIRCUNSTANCIAS

Lo desafío a que empiece a orar por encima de sus circunstancias, por encima de su vida e incluso más allá de su generación. Sus oraciones no tienen que estar limitadas al ahora. Usted puede orar veinte o treinta años hacia el futuro. Este es otro caso del porqué nosotros, como creyentes llenos del Espíritu, debemos orar en lenguas. El Espíritu Santo puede tomar sus lenguas y ayudarle a orar por encima del presente, incluso por el tiempo cuando ya no esté en esta tierra. Pero sus oraciones continuarán aquí.

David ha estado muerto durante miles de años, pero su oración todavía vive. Su oración se está cumpliendo hoy día. La gloria de Dios está tocando la tierra hoy. Imagino que David hizo una oración como esta:

> *Dios, permite que la tierra sea llena de tu gloria. Que cada nación experimente tu gloria. Que gente de cualquier color, tribu y lengua te adore. Permíteles inclinarse ante ti y entrar en contacto con tu gloria. Señor, tú eres más grande que mi nación. Eres más grande que mi familia. Eres más grande que mi trono. Tú eres más grande que cualquier cosa que yo pueda hacer. Eres capaz de hacer mucho más abundantemente. Permite que mi oración vaya por encima de lo que yo puedo ver en lo natural. Permite que cada nación de la tierra, en todo tiempo, desde ahora hasta la eternidad, sea llena de tu gloria.*

Por eso me encanta lo profético. Lo profético lo hace a usted más grande de lo que es. Hace que sus oraciones lleguen más profundo y más lejos de lo que usted jamás podría ir en lo natural. Cuando uno es profético, sus palabras liberan cosas que van más allá de lo que se puede ver. Sus palabras llevan una unción, y pueden llevarlo a lugares a donde no podía ir antes. A medida que ora, crea que la gloria será liberada más que solo en este mes y en este año. Cuando ore, crea que Dios expandirá proféticamente el territorio y el tiempo de sus oraciones, que llegarán más allá de lo que puede ver en lo natural y que la gente en esta era y en la siguiente, que nunca han tenido un encuentro con la gloria de Dios, lo tendrá. Crea que algo sobrenatural va a suceder debido a sus oraciones de gloria.

ORACIONES PARA LIBERAR LA GLORIA DE DIOS

Señor, permite que toda la tierra —la gente que no he conocido, extraños que nunca conoceré, lugares donde no he estado, lugares a donde nunca iré— experimenten tu gloria.

Permite que la próxima generación de hijos e hijas sea levantada, Señor. Levanta predicadores, profetas, apóstoles, evangelistas, pastores, maestros, ministros, salmistas, iglesias y casas de gloria, y adoradores para que la tierra entre en contacto con tu gloria y poder.

Permite que surjan milagros, señales y maravillas, sanidades, liberaciones y otras manifestaciones de tu gloria.

Padre, deja que tu gloria sea liberada.

Que la tierra sea llena de tu gloria. Permite que mi nación, ciudad e iglesia estén llenas de tu gloria. Deja que mi familia encuentre tu gloria.

Señor, estoy aquí por tu gloria, no por la mía ni por la gloria del hombre, sino solamente por tu gloria, Dios.

Señor, permíteme ver no solo milagros, señales y maravillas, sanidades, liberaciones, salvaciones y avances, déjame andar en el poder de tu gloria.

Señor, te pido ahora por una liberación de tu poder y unción.

Señor, te pido por esta generación y las venideras, que todos experimentemos tu gloria.

Señor, gracias por las épocas de pruebas, retos y dificultades que me purifican y me prueban para ser digno de portar tu gloria.

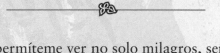

Señor, soy un vaso dispuesto. Permíteme llevar tu gloria a los confines de la tierra. Permite que tu gloria sea evidente en cada área de mi vida.

Capítulo 7

CUANDO LLEGA LA GLORIA

De Jehová es la tierra y su plenitud;
El mundo, y los que en él habitan.
—Salmo 24:1

Dios es dueño de la tierra y todo lo que hay en ella le pertenece. Cuando Él libera la plenitud de su gloria en la tierra, tenemos la responsabilidad de administrarla. Sabemos, por el mandato que Dios le dio a la humanidad en Génesis 1:26–28, que Él nos ha dado dominio y autoridad sobre la tierra. Él dijo:

Entonces dijo Dios: Hagamos al hombre a nuestra imagen, conforme a nuestra semejanza; y señoree en los peces del mar, en las aves de los cielos, en las bestias, en toda la tierra, y en todo animal que se arrastra sobre la tierra. Y creó Dios al hombre a su imagen, a imagen de Dios lo creó; varón y hembra los creó. Y los bendijo Dios, y les dijo: Fructificad y multiplicaos; llenad la tierra, y sojuzgadla, y señoread en los peces del mar, en las aves de los cielos, y en todas las bestias que se mueven sobre la tierra.

Perdimos esta autoridad en la caída de Adán y Eva a través de la cual la humanidad entró en pecado. Pero, entonces,

Dios nos la devolvió a través de la muerte y resurrección de su Hijo, Jesús, a lo cual muchas veces se le conoce como el Segundo o el Último Adán. En el evangelio de Mateo, Jesús enseñó que "toda autoridad me ha sido dada en el cielo y en la tierra" (28:18) y que Él nos autorizaría a nosotros para usar su autoridad para atar o soltar cosas en la tierra como lo están en los cielos (16:19). Y en Lucas 10:19, aprendemos que Él nos dio "autoridad para hollar serpientes y escorpiones y sobre todo poder del enemigo".

Incluso mientras Dios libera su gloria y redención en la tierra, nosotros tenemos una parte que cumplir en la condición del planeta y de su mantenimiento físico, espiritual, político y demás. Muchas veces, las personas dirán que todo lo que sucede en la tierra es la voluntad de Dios, pero eso no es completamente cierto. No es la voluntad de Dios que las personas mueran en pecado. Esa es la elección de ellas. No es la voluntad de Dios que sucedan cosas terribles. Dios desea que el planeta sea bendecido. Él no lo creó para que fuera maldito, aunque lo fue a través de nuestras acciones y decisiones, Él ya hizo todo lo que pudo para devolvernos el dominio de la tierra. Así que mucho de lo que sucede sobre la tierra tiene mucho que ver con la autoridad que ejercemos.

La palabra hebrea para "tierra" en el Salmo 24:1 significa "territorio".[1] Así que es como si Dios estuviera diciendo que la condición del territorio donde usted vive ya sea ciudad, región, nación o provincia, depende de las decisiones que la gente que vive allí ha tomado. Depende del gobierno, de la manera en que vive la gente, las decisiones que toma, cómo y a qué adoran, y lo que enseñan. La condición de la tierra, bendecida o maldita, dependerá de las decisiones que toman los habitantes del territorio, y esto incluye la manera en que la gloria de Dios puede infiltrar el área y causar un impacto duradero.

ESCOJA LA VIDA

A los cielos y a la tierra llamo por testigos hoy contra
vosotros, que os he puesto delante la vida y la muerte, la bendición y la maldición; escoge, pues, la vida,
para que vivas tú y tu descendencia.
—Deuteronomio 30:19

La gente culpa a Dios o al diablo por muchas de las cosas que
son el resultado de su propia elección, las cosas que opta por
hacer, las decisiones que toma y la condición en la que se encuentra. Sé que hemos estado hablando de tiempos desesperados
como un medio de prueba; sin embargo, es importante para
nosotros evaluar nuestra alma en estos tiempos, especialmente cuando parece que la prueba o situación desesperada que
enfrentamos escapa de nuestras manos y está más conectada
al ambiente en el que nos encontramos.

A veces, la inestabilidad económica, social, religiosa o política
se encuentra en la raíz de algunos de los tiempos desesperados
que enfrentamos. A veces, la condición en la que estamos es
consecuencia de las decisiones que hemos tomado debido al
ambiente al que hemos llegado. Sin embargo, como creyentes,
esto no nos absuelve de nuestra responsabilidad de ser libertados para que podamos salir de nuestras circunstancias y empezar a usar nuestra autoridad y poder para tomar decisiones que
nos conduzcan a la vida a medida que entramos a la sabiduría,
conocimiento y entendimiento de Dios.

Muchas veces, no queremos tomar responsabilidad, así que
cuando las situaciones de nuestra vida o en el planeta están
fuera de control, decimos cosas así: "¿Dónde está Dios? ¿Por
qué Dios no cambia esto? ¿Por qué Dios no interviene en esto?".
Pero estamos pasando por alto el rol poderoso que jugamos y
los efectos de nuestras decisiones colectivas.

La injusticia y muchas de las cosas que parecen estar tan fuera de orden son el resultado de nuestras decisiones. La gente equivocada tiene la autoridad. Los malos tienen el control. Los justos sufren. Este no es el plan de Dios. Así que, cada vez que usted vea situaciones como estas, su reacción no puede ser: "Dios ¿dónde estás?". Mientras el mundo hace lo que quiere, nosotros, como creyentes, también tenemos una elección. Podemos hacernos responsables y elegir las acciones que nos conducen a la vida. Podemos pronunciarnos en la autoridad que Dios nos dio y decir: "Si Dios me ha dado la responsabilidad de la tierra, significa que tengo autoridad aquí, y eso significa que puedo hacer algo por esta situación. No soy una víctima. No soy inútil. No me quedo sentado y dejo que las cosas sucedan. Tengo autoridad sobre el planeta y escojo la vida".

Podemos cambiar las cosas. Podemos rectificarlas. Podemos hacer algo sobre la situación. No tenemos que quedarnos sentados y permitir que las cosas se salgan de control, sintiéndonos como víctimas desamparadas, esperando el Rapto y el escape eterno. Nosotros podemos orar.

GOBIERNE LA TIERRA POR MEDIO DE LA ORACIÓN

Tal como lo señalamos anteriormente, Dios intervendrá. Él enviará liberación y su gloria como respuesta a nuestras oraciones. La oración es parte de la manera en que ejercemos la autoridad que Él nos ha dado para atar y desatar cosas en la tierra. Cuando oramos, literalmente invitamos a Dios a entrar en nuestra situación. Cuando oramos, lo hacemos reconociendo que somos administradores y que no podemos hacer cambios en nuestras propias fuerzas. Oramos expresando nuestra confianza en la gracia, misericordia, sabiduría y poder de Dios. Luego, Dios en su misericordia, responde a nuestras oraciones y empieza a corregir, rectificar y cambiar las cosas, y a ponerlas nuevamente en orden.

Oramos y profetizamos, porque sabemos que, si las cosas no están bien, podemos pedir la intervención de Dios. Sabemos que la palabra del Señor que sale de nuestra boca hará que Dios intervenga y provoque que los cambios sucedan. Lo que el Salmo 24:1 realmente nos habla de la tremenda cantidad de autoridad que tenemos como creyentes para asistir a Dios en el gobierno de la tierra a través de nuestras oraciones.

A veces, nos encontramos enfrentando tiempos desesperados en nuestro planeta. Las cosas que vemos en nuestras naciones y ciudades, y en las noticias son sorprendentes, desgarradoras, abrumantes y tristes. El diablo quiere que nos sintamos como si fuéramos insignificantes e inútiles. Él trata de hacernos sentir como que, si oramos o profetizamos, no marcaremos ninguna diferencia ya que las cosas se ven tan mal. Sin embargo, aquellos de nosotros, que tenemos fe, sabemos que, si le creemos a Dios, podemos ver cambios. Desde las crisis familiares y financieras hasta el crimen y la corrupción en nuestras ciudades, podría parecer como que todo se está descontrolando. Donde sea que esté el problema, como santos de Dios, deberíamos ser prontos para entender que, si Dios nos ha dado autoridad sobre este planeta, entonces podemos pronunciarnos y hacer algo. Podemos orar, porque Dios nos ha dado la autoridad en la tierra para orar y venir delante de Él y verlo actuar en nuestro favor.

NO RETROCEDA

El Salmo 24:1 es muy importante porque pone realmente la responsabilidad del planeta en nuestras manos. A veces, la razón por la que las cosas salen mal se debe a que el pueblo de Dios ha retrocedido. La iglesia no se involucra. La iglesia está predicando sobre el Rapto y el escape. Estamos predicando el mensaje de que todo se está poniendo peor, lo que deja a muchos sintiendo que sus oraciones no importan.

Esto es lo que pienso: ¿Tiene que empeorar? Si todo va a empeorar, ¿para qué sirve la oración? Si Dios no va a intervenir, ¿por qué orar? Es casi como si no tuviera sentido creer en un avivamiento, esperar que la gloria de Dios llene la tierra, o esperar que algo cambie. ¿O podemos orar y cambiar algunas cosas?

Imagínese si antes de la Guerra Civil, los que se oponían a la esclavitud hubieran dicho: "De cualquier manera, todo se pondrá peor", y se hubieran rendido. La esclavitud nunca hubiera sido abolida, y la vida de muchos de nosotros no sería como lo es ahora. Si ellos hubieran retrocedido sin esperanza por un mejor futuro, el cambio jamás habría sucedido.

Escuche, usted sencillamente no puede abandonar su vida, su familia, su ciudad, su nación o este planeta en manos del diablo. Necesitamos personas que sepan cómo pararse y decir: "Diablo, eres un mentiroso. No tomarás esta tierra".

Sin embargo, muchas veces no tenemos fe para eso. Podemos creerle a Dios por nuestra sanidad, o quizá por un avance financiero, pero cuando se trata de que el pueblo de Dios le crea por una transformación en escala local o mundial, nuestro nivel de fe es bajo. No creemos realmente que nuestras ciudades y naciones puedan ser cambiadas.

LA ENSEÑANZA EQUIVOCADA
PUEDE LASTIMAR NUESTRA FE

Algunas enseñanzas sobre los tiempos finales de que todo se pondrá peor le han arrancado su poder y autoridad a nuestra iglesia. Vamos a la iglesia, entonamos cantos y escuchamos un sermón, todo eso mientras creemos que todo se pondrá peor, pero que un día cercano escaparemos de ello y el Señor va a venir y nos llevará a casa. Esta línea de enseñanza (y la escucho mucho en las iglesias) a veces hace que nosotros simplemente le permitamos al diablo salirse con la suya. Muchas veces, aquello que escuchamos es donde ponemos nuestra fe, porque la fe viene por el oír (Romanos 10:17). Sin embargo, usted puede creer y tener fe en que sus oraciones son efectivas aun en los últimos tiempos.

Aquí, necesitamos cuestionar nuestra línea de pensamiento: ¿Dónde está el dominio de la iglesia cuando las cosas parecen funestas? ¿Dónde está nuestro poder? ¿Dónde están nuestra autoridad y fe? ¿Quiénes somos? ¿Acaso somos solamente un montón de gente tratando de ir al cielo? ¿Solo somos un montón de gente atascada en los últimos días? ¿Solo somos un montón de gente que tiene que aceptar que todo se está poniendo peor, que nuestras situaciones desesperadas son las señales irreversibles de los tiempos? ¿Se supone que solo debemos observar cómo son destruidas nuestras ciudades y naciones por la perversidad y la brujería y creer que no podemos hacer algo al respecto? ¡No! La Biblia dice pedid y se os dará. Buscad y hallaréis. Tocad y se os abrirá (Mateo 7:7). Usted puede marcar la diferencia.

El diablo usa todos los medios que pueda, incluyendo ciertas enseñanzas, para hacerle sentir que usted está desamparado, que es solamente una persona cuyas oraciones no funcionan. Él quiere que usted piense que Dios no escucha sus oraciones y que está peleando una batalla perdida.

La verdad es que, a veces, los problemas harán que quiera huir y esconderse. Intentan que usted diga: "Solo permítanme cerrar mi puerta. Me ocuparé de mis propias cosas, porque allí afuera está muy complicado". A veces, usted quiere decir: "Dios, este es tu planeta. Es tuyo, Señor. Te lo devuelvo. Sé que me lo diste, pero te lo devuelvo. Yo nunca te lo pedí, Señor. Solo vine aquí y crecí. Esto es un desastre".

Pero Dios dice: "No. Yo te di la autoridad sobre el planeta, así que cuando las cosas no están bien, es tu responsabilidad cambiarlas". Por eso, Dios dijo: "si se humillare mi pueblo, sobre el cual mi nombre es invocado, y oraren, y buscaren mi rostro, y se convirtieren de sus malos caminos; entonces yo oiré desde los cielos, y perdonaré sus pecados, y sanaré su tierra" (2 Crónicas 7:14).

Lo que Dios está diciendo aquí es: "Mi pueblo tiene que hacer algo si quiere que la tierra sea sanada. No me toca a mí. Las cosas no tienen que permanecer como están. Pueden mejorar. Pueden cambiar". No le toca a Dios. Él ya declaró lo que quiere. Quiere que su gloria llene la tierra. ¿Qué queremos nosotros? Si queremos lo que Él quiere, ¿oraremos? ¿Nos humillaremos? ¿Nos apararemos de nuestros malos caminos?

Oración, humildad y arrepentimiento son las claves para poder sostener una liberación de la gloria de Dios. Son claves para ver una manifestación del poder de Dios en la tierra. Dios escucha las oraciones de los justos y de los humildes. Él responde pronto sus oraciones porque ellos oran de acuerdo con la voluntad perfecta de Dios. Liberar su gloria y traer libertad y sanidad a la tierra es la perfecta voluntad de Dios. Él le ha dado a su pueblo la autoridad para activar su poder a través de la oración; sin embargo, nosotros tenemos que acercarnos confiadamente al trono de la gracia. No podemos huir de nuestra responsabilidad. Tenemos que tener fe para que nuestras oraciones marquen la diferencia y traigan transformación a las situaciones más desesperadas.

NO SE DEJE LLEVAR POR LAS APARIENCIAS

Aun cuando parece que todo se está poniendo peor (y yo sé que le ha pasado) recuerde que andamos por fe y no por vista (2 Corintios 5:7). Cuando usted se deja llevar por las apariencias, siempre está deprimido. Sin embargo, cuando ve con los ojos de la fe, podría decirle a cualquier montaña frente a usted: "Quítate y échate en el mar" (Marcos 11:23), y no dudará que eso sucederá. Usted creerá que lo que dice se hará realidad. Puede recibir lo que dice cuando tiene fe. Nada es imposible para aquel que cree (Marcos 9:23). Nada.

La fe cambia las cosas. "Es, pues, la fe la certeza de lo que se espera, la convicción de lo que no se ve" (Hebreos 11:1). Aunque no mire aquello que espera, ya lo tiene porque tiene fe. Usted no puede dejarse llevar por lo que la situación aparenta, porque puede cambiar en cualquier momento. Dios le ha dado fe para cambiar las cosas.

Si quiere ver cambio en algunas cosas en su vida, su familia o su iglesia, le reto a declarar en este momento que lo que necesite cambiar, y que se alinea con la palabra del Señor sobre su vida, no puede permanecer igual. Diga: "Tiene que cambiar porque yo estoy aquí. Cuando abra mi boca, algo va a cambiar. Cuando lo declare, algo va a cambiar. Cuando profetice, algo va a cambiar. Cuando diga cosas nuevas, algo va a cambiar. Mis finanzas van a cambiar. Mi familia va a cambiar. Mi situación va a cambiar. Ya que mayor es el que está en mí que el que está en el mundo".

¿QUÉ VA A HACER CON LO QUE DIOS LE DIO?

Dios nos ha dado autoridad aquí en la tierra. Dios dice: "te di el planeta". ¿Qué va a hacer con él? Dios se lo dio a Adán, pero él lo perdió. ¿Va usted a seguir su ejemplo? ¿Va a permitir que el diablo le mienta y le impida orar? ¿Va a quedarse tranquilo y permitirle que pase por encima de usted y su familia? ¿O va a ponerse firme y decir: "Ya basta"? ¿Va a ser lo suficientemente valiente para decir: "Todo lo que ate en la tierra será atado en el cielo; todo lo que desate en la tierra será desatado en el cielo"? ¿Qué va a hacer con lo que Dios le ha dado?

Frecuentemente, oro por la ciudad donde vivo y pastoreo. Hay muchas áreas en Chicago que necesitan desesperadamente de la oración. Cuando viajo por el mundo, lo primero que la gente piensa cuando se entera de que soy de Chicago es en la tasa de asesinatos. No quiero que esa sea la reputación de nuestra ciudad. Cada semana, hay un adolescente asesinado. Eso no es bueno. Pero los creyentes que vivimos en Chicago podemos cambiarlo si oramos. Por eso tenemos oración, liberación y ministerio profético en mi iglesia todos los martes en la noche. No es solo un servicio más; es oración corporativa.

Creemos que, si invocamos a Dios, Él hará algo en nuestra ciudad. La Biblia dice: "Y todo aquel que invocare el nombre de Jehová será salvo" (Joel 2:32, cf. Romanos 10:13). Nosotros creemos eso, así que invocamos a Dios. Atamos demonios de asesinato, violencia, armas y tiroteos. No podemos ser una iglesia en Chicago y quedarnos sin hacer nada, ver las noticas y decir "Oh, caramba. Las cosas están terribles". No. Nosotros podemos hacer algo sobre esta situación, porque Dios nos ha dado poder y autoridad. "He aquí os doy potestad de hollar serpientes y escorpiones, y sobre toda fuerza del enemigo, y nada os dañará" (Lucas 10:19).

Le agradezco a Dios por el poder y la autoridad sobre serpientes, escorpiones y toda fuerza demoniaca. De esto debería tratarse la iglesia; no de "Señor, llévame en el Rapto. Sácame de aquí. Déjame escapar. Quiero una poción mágica para salir de aquí". Dios no hace pociones mágicas.

Me encanta el nombre de una iglesia donde prediqué en las Islas Vírgenes. Se llama *Transformation Church* (Iglesia de la Transformación). Me gusta porque ellos creen en que Dios va a transformar sus comunidades y su nación a través de la oración. Además, creen que sus oraciones les darán la estrategia y sabiduría para saber cómo involucrarse en negocios, política, educación y otras esferas de la cultura a donde se sienten llamados. Ellos hacen caminatas de oración y les enseñan a sus hijos cómo empezar negocios e involucrarse en política y otros puntos de impacto. Están administrando verdaderamente la gloria de Dios que ha sido liberada en su región. Nosotros tenemos el poder para hacer lo mismo.

Tenemos que dejar de permitirle al diablo que se haga cargo. Él es un mentiroso y un acosador. La manera en que uno lidia con un acosador es haciéndole frente. Desde el momento en que usted huye de un acusador, seguirá huyendo toda su vida. Él le quita el dinero de su almuerzo, sus panes con queso, su pan con carne, su ensalada de pavo, su ensalada de pollo y su ensalada de atún. Él empezará a ordenar cosas y ponerlas a su cuenta: "Mañana, quiero ensalada de pollo". Al momento en que usted lo enfrenta y dice: "No, no te voy a entregar mi ensalada de pollo. Me la voy a comer", el acosador no lo volverá a molestar porque usted le hizo frente.

USTED ESTÁ UNGIDO PARA DERROCAR AL ENEMIGO

Dios no le dio la tierra al diablo. Él se la dio a los hijos del hombre. Tenemos la autoridad. Tenemos el poder —a través de la oración, la profecía, la prédica y la enseñanza— para cambiar las cosas.

Los intercesores y profetas siempre han cambiado la historia. Daniel cambió la historia. Elías cambió la historia; él pasó una buena parte de su vida peleando contra Jezabel. Y cuando Elías se fue, Dios envió a Jehú para lidiar con ella. En 2 Reyes 9:30–37, leemos que Jehú no llegó a negociar con Jezabel. No llegó a conversar con ella. Él llegó a matarla. Lo imagino diciéndole: "Ya basta contigo. Has traído demasiado daño, destrucción, brujería e ideología diabólica a esta nación. Se acabó". Y la cosa es que él estaba ungido para hacerlo.

> Jehú se levantó y entró en la casa. Entonces el profeta lo ungió con el aceite y declaró: «Así dice el Señor,

Dios de Israel: "Ahora te unjo como rey sobre mi pueblo Israel. Destruirás a la familia de Acab, tu señor, y así me vengaré de la sangre de mis siervos los profetas; castigando a Jezabel, vengaré la sangre de todos mis siervos. Toda la familia de Acab perecerá, pues de sus descendientes en Israel exterminaré hasta el último varón, esclavo o libre. Haré con ellos lo mismo que hice con la familia de Jeroboán hijo de Nabat y con la familia de Basá hijo de Ahías. Y en cuanto a Jezabel, los perros se la comerán en el campo de Jezrel, y nadie le dará sepultura"».

—2 Reyes 9:6–10, nvi

Él hizo exactamente lo que el Señor le mandó:

Cuando Jezabel se enteró de que Jehú estaba regresando a Jezrel, se sombreó los ojos, se arregló el cabello y se asomó a la ventana. Al entrar Jehú por la puerta de la ciudad, ella le preguntó: ¿Cómo estás, Zimri, asesino de tu señor? Levantando la vista hacia la ventana, Jehú gritó: ¿Quién está de mi parte? ¿Quién? Entonces se asomaron dos o tres oficiales, y Jehú les ordenó: ¡Arrójenla de allí! Así lo hicieron, y su sangre salpicó la pared y a los caballos que la pisotearon.

—2 Reyes 9:30–33, nvi

Siempre hubo alguien que enfrentara a Jezabel. Siempre hay alguien que la derrocará. El espíritu de Jezabel tiene muchos poderes demoníacos funcionando en nuestros días y era, y usted ha sido ungido para derrotar todas las obras del enemigo. Debido a que está ungido, cuando llegue y diga: "derróquenlo", él va para abajo. Usted no tiene que huir y esconderse o dejar que alguien más lidie con él. Usted puede lidiar con el enemigo. Puede anunciarle que sus días de engaño, robo, muerte y destrucción se acabaron. Derróquelo.

Alguien tiene que pararse y hacer algo. Alguien tiene que decir, como lo dijo Elías: "¿Hasta cuándo claudicaréis vosotros entre dos pensamientos? Si Jehová es Dios, seguidle" (1 Reyes 18:21). Alguien tiene que decir: "El Dios que respondiere por medio de fuego, ése sea Dios" (versículo 24). Alguien tiene que pararse y confrontar a los profetas de Jezabel y de Baal. Alguien tiene que atar a la hechicería y a la muerte y a la destrucción y al asesinato y a la pobreza y a la injusticia. Alguien tiene que hacer algo. ¿Es usted suficientemente valiente para aceptar el hecho de que Dios le ha ungido para ser esa persona? ¿Es usted lo suficientemente valiente para aceptar la responsabilidad de orar y humillarse delante de Dios?

Puedo escuchar a Dios diciendo: "Es hora de hacerse cargo de algunas cosas. Ya ha sido demasiado. Es tiempo de hacerse cargo de cosas que han estado desatendidas". Este es su llamado para usted. Es momento de que usted dé un paso y haga algo al respecto. ¿Tomará el manto de autoridad en la tierra? ¿Hará oraciones desesperadas para que el reino avance y que la gloria de Dios se esparza hasta los confines de la tierra? Si es así, quiero que me acompañe a decretar y declarar las siguientes oraciones. Luego, en el siguiente capítulo, vamos a profundizar en el impacto que tienen las oraciones de los santos sobre los tiempos desesperados que estamos enfrentando en nuestra vida y en la tierra. Vamos a ver qué sucede en el cielo cuando oramos.

ORACIONES QUE CAMBIAN COSAS

Gracias, Señor, por devolverle a tu pueblo el
dominio y la autoridad sobre la tierra.

Gracias por darme el poder y la autoridad para hollar
serpientes, escorpiones y todo poder demoniaco.

Te agradezco que mis oraciones marcan la diferencia.

Te agradezco, Señor, que me has dado la osadía y el valor
para retomar mi vida, mi familia, mi ciudad y mi nación.
No entregaré ninguna de ellas en manos del enemigo.

Como creyente, acepto mi autoridad
y responsabilidad para orar.

Le tapo la boca al enemigo, que busca llenarme la
cabeza con mentiras de que soy inútil, de que mis
oraciones no tienen impacto y de que nada cambiará.

Declaro que las oraciones del justo pueden mucho.

———————— ✂ ————————

Creo que cuando oro con fe, las montañas se mueven.

———————— ✂ ————————

Creo que cuando oro, las fortalezas se derrumban.

———————— ✂ ————————

Creo que cuando oro, los territorios
y las regiones se transforman.

———————— ✂ ————————

Me comprometo nuevamente a orar por las cosas
que necesitan cambiar en mi mundo. Seré ese
alguien que se enfrente al enemigo y diga: "Ya
basta". El diablo no tomará el control.

———————— ✂ ————————

Declaro que el enemigo será derrocado, en
el nombre de Jesús. Ato todas sus obras
para engañar, robar, matar y destruir.

———————— ✂ ————————

Ato toda hechicería, muerte, destrucción, asesinato,
pobreza, injusticia y cualquier otra cosa que intente
detener el fluir de la gloria de Dios en la tierra.

ORACIONES QUE MUEVEN MONTAÑAS[2]

Hablo a cada monte de mi vida y le ordeno que sea quitado y echado al mar (Marcos 11:23).

———————— ❧ ————————

Ordeno a todo monte económico (reto financiero) que sea quitado de mi vida, en el nombre de Jesús.

———————— ❧ ————————

Que todo monte maligno escuche la voz del Señor y sea quitado (Miqueas 6:2).

———————— ❧ ————————

Profetizo a los montes y les ordeno escuchar la palabra de Dios y ser quitados (Ezequiel 36:4).

———————— ❧ ————————

Que las montañas tiemblen ante la presencia de Dios (Habacuc 3:10).

———————— ❧ ————————

Contiendo contra todo monte y le ordeno que escuche mi voz (Miqueas 6:1).

———————— ❧ ————————

Convierto en desolación los montes de
Esaú (la carne) (Malaquías 1:3).

———————— ✥ ————————

Levanta tu mano, oh Señor, y trastorna
de raíz los montes (Job 28:9).

———————— ✥ ————————

Ordeno a todo monte de deuda que
sea quitado y echado al mar.

———————— ✥ ————————

Señor, tú estás en contra de todo monte
de destrucción (Jeremías 51:25).

———————— ✥ ————————

Que los montes tiemblen ante tu presencia,
oh Dios (Jueces 5:5, BLPH).

———————— ✥ ————————

Convierte en soledad todo monte de maldad
en mi vida, oh Señor (Isaías 42:15).

———————— ✥ ————————

Trillo todo monte y lo moleré; y los collados
reduciré a tamo (Isaías 41:15, NBD).

Cada monte en mi camino se convertirá
en llanura (Zacarías 4:7).

ORACIONES DE HUMILDAD[3]

Señor, soy humilde. Guíame en justicia
y enséñame tus caminos (Salmo 25:9).

———————— ❧ ————————

Me humillaré delante del Señor,
y Él me exaltará (Santiago 4:10).

———————— ❧ ————————

No permitiré que el orgullo entre en mi
corazón y me avergüence. Me humillaré y me
vestiré de sabiduría (Proverbios 11:2).

———————— ❧ ————————

Señor, tú te deleitas en mí. Me hermoseas con la
salvación porque soy humilde (Salmo 149:4).

———————— ❧ ————————

Señor, tú observarás al orgulloso y le
humillarás (Job 40:11, NBD).

———————— ❧ ————————

Señor, tú me salvarás (Salmo 18:27).

Yo obtendré honor (Proverbios 29:23, BLPH).

Es mejor humillar el espíritu con los humildes que repartir el botín con los orgullosos (Proverbios 16:19).

Me humillaré bajo la mano poderosa de Dios para que Él me exalte a su debido tiempo (1 Pedro 5:6).

Mi alma se gloriará en el Señor. El humilde lo oirá y se alegrará (Salmo 34:2).

Veré lo que Dios ha hecho y me alegraré. Como busco a Dios, mi corazón vivirá (Salmo 69:32).

No seré como Amón, sino que me humillaré ante el Señor y no seguiré pecando (2 Crónicas 33:23).

Me quitaré el turbante y mi corona y nada será igual. Exaltaré al humilde y humillaré al exaltado (Ezequiel 21:26).

Estoy entre los mansos y humildes, y ellos
confiarán en el nombre el Señor (Sofonías 3:12).

Aumentaré mi gozo en el Señor. Me regocijaré
en el Santo de Israel (Isaías 29:19).

Como Daniel, no temeré, porque sé que desde el
primer día que aparté mi corazón para entender tus
caminos y humillarme delante de ti, tú escuchaste
mis oraciones y acudiste a mí (Daniel 10:12).

Señor, humíllame y pruébame para que al
final haga bien (Deuteronomio 8:16).

Proclamo aquí mismo, un ayuno para humillarme ante
mi Dios, para buscar de Él el camino correcto para mí
y para mis hijos y todas mis posesiones (Esdras 8:21).

Mi Dios me humillará entre su pueblo y yo lloraré
por todos los que han pecado antes y no se han
arrepentido de la impiedad, fornicación y lascivia
que han practicado (2 Corintios 12:21).

Señor, tú dijiste que, si me humillo,
oro y busco tu rostro, y me aparto de mis malos
caminos, entonces tú escucharás desde los cielos
y perdonarás mi pecado y sanarás mi tierra.
Señor, haré lo que has ordenado (2 Crónicas 7:14).

Señor, habitarás con el que tiene un espíritu
contrito y humillado. Revivirás el espíritu
de los humildes y el corazón de los contritos.
Permíteme ser como ellos (Isaías 57:15).

Recordaré que el Señor mi Dios,
me guio por todo el camino, incluso en el desierto,
para humillarme y probarme,
para saber lo que había en mi corazón,
y comprobar si guardaría o no sus
mandamientos (Deuteronomio 8:2).

Dios, tú das más gracia. Resistes al orgulloso,
pero das gracia al humilde (Santiago 4:6).

Permíteme ser como Moisés, que era humilde,
más que todos los hombres que hubo sobre
la faz de la tierra (Números 12:3).

Señor, no te olvides del clamor de
los humildes (Salmo 9:12).

Levántate, oh Señor, oh Dios, alza tu mano.
No te olvides de los humildes (Salmo 10:12).

No pondré mi mente en las cosas altas, sino que
me asociaré con los humildes. No seré sabio
en mi propia opinión (Romanos 12:16).

No pervertiré el camino de los humildes (Amós 2:7).

Señor, tú has escuchado el deseo de los
humildes; prepararás su corazón; tu oído
prestará atención (Salmo 10:17).

Me someteré a mis ancianos. Me vestiré de
humildad, y Dios me dará gracia (1 Pedro 5:5).

Junto a la humildad y el temor del Señor están las
riquezas, el honor y la vida (Proverbios 22:4).

No hablaré mal de nadie.
Seré pacífico y amable, mostrando humildad
a todos los hombres (Tito 3:2).

Corregiré en humildad, a los que se oponen
y, quizá Dios les dará arrepentimiento para
que conozcan la verdad (2 Timoteo 2:25).

El temor del Señor es la instrucción de la sabiduría,
y antes del honor está la humildad (Proverbios 15:33).

Antes de la destrucción del corazón de un
hombre está la altivez, y antes de la honra
viene la humildad (Proverbios 18:12).

Como elegido de Dios, santo y amado,
me vestiré de misericordia, amabilidad,
humildad, benignidad mansedumbre
y paciencia (Colosenses 3:12).

Buscaré al Señor. Buscaré la justicia y la
humildad para encontrar refugio en el día
de la ira del Señor (Sofonías 2:3).

Recibo el yugo de Cristo, aprendiendo de Él, porque Él es manso y humilde de corazón (Mateo 11:29).

Haré lo que el Señor me pide; practicaré la justicia, amaré la misericordia y caminaré humildemente ante mi Dios (Miqueas 6:8).

Deseo ser como Cristo, que se humilló a sí mismo y se hizo obediente hasta la muerte, y muerte de cruz (Filipenses 2:8).

Señor, me he humillado; por favor, no traigas calamidad sobre mí (1 Reyes 21:29).

Por la humildad y el temor del Señor, obtengo riquezas, honor y vida (Proverbios 22:4).

El Señor atiende al humilde (Salmo 138:6).

Me humillaré como un niño (Mateo 18:4).

LAS ORACIONES DE LOS SANTOS

Otro ángel vino entonces y se paró ante el altar, con un incensario de oro; y se le dio mucho incienso para añadirlo a las oraciones de todos los santos, sobre el altar de oro que estaba delante del trono. Y de la mano del ángel subió a la presencia de Dios el humo del incienso con las oraciones de los santos.

—Apocalipsis 8:3–4

E l libro de Apocalipsis trata de las oraciones de los santos provocando la liberación de los propósitos de Dios sobre la tierra. En Apocalipsis 8, los santos oraban tal como aprendieron a orar: "Venga tu reino. Hágase tu voluntad". (Vea Mateo 6:7–13.) Usted podría preguntarse por qué ellos debían orar así. ¿Por qué no simplemente venía el reino?". Bueno, en Apocalipsis 12, también hay una imagen del dragón, la bestia o el falso profeta. Hay una imagen de Babilonia. También hay una imagen de maldad, que está allí por una razón: para evitar que el reino de Dios llegue.

Satanás mismo estaba, y todavía está, intentando impedir que este reino sea establecido y venga a manos de los santos como era la intención de Jesús. Durante el tiempo cuando los evangelios y Apocalipsis se estaban escribiendo y distribuyendo, los santos eran perseguidos, encarcelados y asesinados. Ellos atravesaban un tiempo de tribulación terrible. El dragón, que está en el capítulo 12, soltó una inundación para tratar de asesinar al remanente de la cimiente de Cristo, que era la cimiente de Abraham (versículo 17). Satanás no quería que el reino de Dios fuera establecido y avanzara, así que peleó. Él persiguió. Él mató. Él hizo que la maldad aumentara. Sin embargo, fueron las oraciones de los santos lo que hicieron que Dios actuara.

En Apocalipsis 8, tenemos la imagen de lo que sucedió en el espíritu en ese tiempo cuando los santos oraban. Un ángel tomó esas oraciones y las elevó al cielo. Esas oraciones llegaron delante de Dios; y, luego, el ángel tomó esas oraciones, las puso en el incensario y las lanzó a la tierra (versículo 5). Cuando el ángel lanza las oraciones a la tierra, se desataron terremotos, truenos y relámpagos, lo cual es una imagen del juicio. Se lidió con lo que se interpuso en el camino del avance del reino: el dragón, la bestia, el falso profeta y Babilonia. Cada demonio que se interpuso en el camino del pueblo de Dios fue juzgado y llevado a su fin.

Mi premisa aquí es sencillamente esta: lo que se interponga en su camino, cuando aprende cómo orar, la justicia, el juicio y la venganza del Señor son liberadas en contra de eso; y el propósito de Dios es establecido en su vida y en la vida de aquellos por quienes ora y, de nuevo, puede avanzar.

LA JUSTICIA, EL JUICIO
Y LA VENGANZA DE DIOS

El libro de Apocalipsis también es un libro sobre justicia. Uno de los temas principales de este libro es la venganza de Dios.

Moisés lo profetizó en Deuteronomio 32:35:

> Mía es la venganza y la retribución; a su tiempo su pie resbalará, porque el día de su aflicción está cercano, y lo que les está preparado se apresura.

Jesús habló de ello en Mateo 23:31–36:

> Así que dais testimonio contra vosotros mismos, de
> que sois hijos de aquellos que mataron a los profe-
> tas. ¡Vosotros también llenad la medida de vuestros
> padres! ¡Serpientes, generación de víboras! ¿Cómo
> escaparéis de la condenación del infierno? Por tan-
> to, he aquí yo os envío profetas y sabios y escribas;
> y de ellos, a unos mataréis y crucificaréis, y a otros
> azotaréis en vuestras sinagogas, y perseguiréis de ciu-
> dad en ciudad; para que venga sobre vosotros toda
> la sangre justa que se ha derramado sobre la tierra,
> desde la sangre de Abel el justo hasta la sangre de
> Zacarías hijo de Berequías, a quien matasteis entre
> el templo y el altar. De cierto os digo que todo esto
> vendrá sobre esta generación.

Se menciona en Apocalipsis 6:10:

> ¿Hasta cuándo, Señor, santo y verdadero, no juzgas y
> vengas nuestra sangre en los que moran en la tierra?

Y de nuevo en Apocalipsis 18:20–21:

> Alégrate sobre ella, cielo, y vosotros, santos, apóstoles
> y profetas; porque Dios os ha hecho justicia en ella. Y
> un ángel poderoso tomó una piedra, como una gran
> piedra de molino, y la arrojó en el mar, diciendo: Con
> el mismo ímpetu será derribada Babilonia, la gran
> ciudad, y nunca más será hallada.

Una de las cosas que, a la mayoría de nosotros, realmente
nos molesta más que nada es la injusticia. La odiamos. Y una

de las peores cosas que sucede con la injusticia es que, aunque la vemos, muchas veces parece como si pudiéramos hacer muy poco al respecto. Ya sea que haya un líder injusto o un sistema maligno que es muy grande —podría ser racismo, comunismo, fascismo, hechicería o cualquier otro sistema establecido que usted ve que es malo— es fácil sentirse incapacitado cuando usted está mirando tanto la injusticia como la forma en que impacta la vida de las personas. Algunos de nosotros sabemos de primera mano lo que es ser parte de un grupo oprimido por un sistema grande y malvado. ¿Alguna vez se ha preguntado, "¿qué puedo hacer yo? Solo soy un don nadie. No tengo título ni posición. No puedo cambiar las leyes ni hacer algo para cambiar esto. Nadie me escucha. Ellos ni siquiera me dejan entrar al edificio. Si tuvieran una audiencia, me apagarían el micrófono antes de que tuviera la oportunidad de hablar". Así que, muchas veces, nos encontramos en posiciones como esta, donde las soluciones parecen no estar en nuestras manos, y esa sensación de impotencia lo empeora. Estos son algunos de los tiempos y situaciones desesperadas de las que hemos estado hablando.

DE "DON NADIE" A SANTOS INTERCESORES

Si recuerda cómo empezó la iglesia y surgió de los ciento veinte santos en el Aposento Alto, entonces también recordará que ellos estaban contra un rígido sistema religioso y político. También ellos pueden haber sentido, a veces, que los sistemas y líderes injustos que enfrentaron eran demasiado grandes para ser cambiados; sin embargo, perseveraron en oración y nunca dejaron de compartir el verdadero testimonio de Cristo. Se mantuvieron fieles y obedientes a las últimas instrucciones que Jesús dio antes de salir de la Tierra (Hechos 1:4–8) y esperaron a que el poder del Espíritu Santo descendiera sobre ellos

(Hechos 2:1–3). Ciento veinte fieles fueron llenos con el Espíritu Santo y se convirtieron en cinco mil.

No obstante, su testimonio de Cristo era opuesto a lo que los líderes religiosos querían promover, y se encontraron siendo perseguidos. (Vea Hechos 4). Esteban fue asesinado (Hechos 7:54–60). Juan fue decapitado (Mateo 14:10). Pedro fue encarcelado (Hechos 12:3–19). A donde el apóstol Pablo fuera, era golpeado y encarcelado (Hechos 16:16–40; 28:16–31; 2 Corintios 11:23–27). Aun así, los santos oraban tanto por Pedro como por Pablo, y ellos fueron liberados de sus ataduras.

Por este tiempo, a los santos se les llamaba "nazarenos" por Jesús de Nazaret. Nazaret era una ciudad que estaba en Galilea, y los galileos eran considerados campesinos. Jerusalén tenía los citadinos. Nazaret era tan mala que Natanael dijo: "¿De Nazaret puede salir algo de bueno?" (Juan 1:46). Era la ciudad de donde venía la gente sin importancia, ordinaria. Era un lugar desconocido. Aún así, estas personas a quienes se les llamaba "nazarenos" seguían a este hombre de Nazaret, Jesús, un "don nadie". Todos ellos eran gente ordinaria, despreciada. No eran de la élite. Algunos de ellos no eran de Jerusalén y no tenían educación teológica ni grados académicos. La mayoría de los seguidores más cercanos de Jesús eran galileos, pescadores que provenían de las áreas más pobres, oscuras y bajas de la región.

También de allí venía Jesús, lo que facilitó a los líderes religiosos para ponerlo a Él y a sus seguidores en prisión, decapitarlos, perseguirlos, torturarlos y atormentarlos. Eran vistos como personas insignificantes, pero ellos sabían cómo hacer una cosa: ellos sabían cómo orar. Jesús les había enseñado. (Vea Mateo 6:7–13.)

Si no aprende nada más en la vida, aprenda a orar. Si no aprende griego y hebreo, aprenda a orar. Cuando usted sepa cómo orar, ningún arma formada en su contra prosperará.

Cuando usted sabe cómo invocar a Dios y orar, usted es alguien. No me importa cuán insignificante diga la gente que usted es. Con la oración, usted es alguien para Dios. La oración es su mayor arma. La oración hace que usted sea alguien en el reino. Ese grupo de "don nadie" pequeño, despreciado y perseguido, esos nazarenos, ellos sabían cómo orar. Sabían cómo invocar a Dios. Ellos sabían cómo orar sin importar a qué se enfrentaban. Aun cuando la persecución se intensificaba y eran oprimidos por todas partes, ellos sabían cómo orar hasta que las cadenas cayeran y las puertas de la prisión se abrieran.

A eso de la medianoche, Pablo y Silas se pusieron a orar y a cantar himnos a Dios, y los otros presos los escuchaban. De repente se produjo un terremoto tan fuerte que la cárcel se estremeció hasta sus cimientos. Al instante se abrieron todas las puertas y a los presos se les soltaron las cadenas.
—Hechos 16:25–26, NVI

ORACIONES SÍSMICAS

A veces, cuando ora, parece que la situación se vuelve más grande y que los sistemas de opresión nunca caerán. Siga orando. Caerá directamente en el plan del diablo si deja de hacerlo. Viene un tiempo cuando sus oraciones se unirán con las de otros. Viene un tiempo cuando Dios dirá: "Bien, es suficiente. Ángeles tomen esas oraciones y libérenlas en la tierra". Una vez liberadas esas oraciones, verá truenos, relámpagos y terremotos. Las cosas empezarán a ser sacudidas en el ámbito por el que ha estado orando.

Sus oraciones provocan terremotos y, como ya se habrá dado cuenta, no estoy hablando de terremotos naturales. Cuando usted ora, las cosas empiezan a temblar, cosas que han estado firmes, riéndose, burlándose y hablando de usted. De repente, cualquier cimiento donde estos sistemas malignos se apoyaban, empezarán a temblar.

Cuando ore, Dios sacudirá cada sistema malvado, impío, que se interpone en su camino. Y no solo terremotos, sino, además, tal como lo declara Apocalipsis 8:5, que el trueno de Dios sea liberado. Que Dios envíe truenos desde el cielo por usted. Que los relámpagos de Dios vengan. Que el terremoto de Dios venga. Que la voz de Dios entre a su situación, su tierra y su ciudad. Dios, permite que los sistemas de este mundo sean sacudidos. Que el trueno de Dios estalle contra las obras del infierno.

Babilonia cae, Satanás está atado, el reino de Dios avanza, los nuevos cielos y la nueva tierra vienen, y el río de Dios fluye, todo porque alguien oró. Esto es lo que nos enseña el libro de Apocalipsis. Los santos oraron, "Venga tu reino. Hágase tu voluntad", y sus oraciones desencadenaron una cadena de eventos. Es casi como si, a veces, la oración alcanzara su punto de inflexión; una vez que llena los incensarios en el cielo, Dios la libera y sucede un efecto dominó. Los sistemas diabólicos, personas y lugares empiezan a caer por todas partes. Y, de repente, Dios empieza a enviar a sus ángeles, ellos tocan las trompetas, lanzan las flechas y envían fuego y juicios. Luego, las cosas nuevas empiezan a venir. Lo que estaba en el cielo empieza a bajar a la tierra. Lo que estaba lejos empieza a acercarse. El río de Dios empieza a fluir, y viene el avivamiento. Todo esto es consecuencia de la oración.

Cuando recibimos una revelación del poder de nuestras oraciones y empezamos a orar corporativamente, creyendo en Dios que nuestras oraciones realmente marcan la diferencia, es el momento del avivamiento. Cuando empezamos a pedirle a Dios con oraciones como: "Señor, deja que tu reino avance en esta región. Que venga la salvación. Que venga la fortaleza. Que venga tu reino. Permite que el acusador de los hermanos sea echado fuera. Que las obras del infierno sean destruidas. Padre, permite que se termine lo que el enemigo ha estado haciendo", es tiempo para que la gloria de Dios venga y llene la tierra.

SALGA DE LO VIEJO Y ENTRE A LO NUEVO

Me encanta el libro de Apocalipsis porque no es solo un libro sobre el final de una era. También es un libro sobre el principio de algo nuevo, un nuevo cielo y una nueva tierra. Dios termina con lo viejo para poder liberar lo nuevo. En esencia, Dios le dice al diablo: "Todas estas cosas viejas que has estado haciendo: acusando, persiguiendo, humillando a mi pueblo, estorbándolos y desgastándolos, se acaba. Voy a crear un nuevo cielo y una nueva tierra. Y todas esas cosas viejas se acabaron". Como dice la Biblia: "De modo que si alguno está en Cristo, nueva criatura es; las cosas viejas pasaron; he aquí todas son hechas nuevas" (2 Corintios 5:17).

Su brecha abierta ha llegado. Usted ha estado orando y orando y orando, y no acaba de empezar a orar hoy. Ha estado orando, como Ana, mes tras mes, año tras año. Dios ha estado recogiendo todas esas oraciones. Es tiempo para la liberación, y vendrá como un sunami en el espíritu. Por lo que necesitamos santos de largo plazo que no oren solo por dos meses y se rindan cuando no ven la brecha abrirse rápidamente. Las cosas que Dios quiere liberar en la tierra son grandes. Los santos no están orando por milagritos. Estamos creyendo por un cambio en nuestras ciudades y estados. Creemos por una apertura en los Estados Unidos y en las naciones del mundo. Estamos orando para que lo que sea desatado en el cielo sea desatado en la tierra. Oramos por un nuevo nivel de avance e incremento en el reino.

LOS SANTOS Y LA CASA DE ORACIÓN

Y a los hijos de los extranjeros que sigan a Jehová para servirle, y que amen el nombre de Jehová para ser sus siervos; a todos los que guarden el día de reposo para no profanarlo, y abracen mi pacto, yo los llevaré a mi santo monte, y los recrearé en mi casa de oración; sus holocaustos y sus sacrificios serán aceptos sobre mi altar; porque mi casa será llamada casa de oración para todos los pueblos.

—Isaías 56:6–7

Isaías 56:6–7 son unos de mis pasajes favoritos sobre el tema de la oración. Hablan de Dios llevándonos al monte santo. El monte santo es el lugar del gobierno, la autoridad, el poder, la presencia y la gloria de Dios. El monte de Dios también es la casa de Dios. Sin embargo, bajo el nuevo pacto, no es un lugar físico, sino el lugar de oración en el espíritu. Ahora, nosotros somos el templo (1 Corintios 6:19), la casa de Dios. La casa de Dios es un grupo de personas. Es una reunión de los santos de Dios. Es una casa espiritual hecha de piedras vivientes. No está hecha de piedras físicas. Recuerde, el templo del antiguo pacto era solo una representación de algo más grande. Lo natural era una representación o una imagen de lo espiritual. El templo del nuevo pacto es la iglesia, la casa de Dios. Nosotros somos el templo de Dios, sí, pero la reunión corporativa de los santos también es la casa de Dios.

Observe que en Isaías 56:7 dice que cuando venimos a su casa, venimos con gozo. Dios nos hace gozosos en su casa. Ahora bien, esta es una palabra tremenda, porque nos dice que para nosotros debería ser natural no solo orar, sino también disfrutar la oración. Debería ser algo que fluya de nosotros, algo que

ORACIONES DESESPERADAS para TIEMPOS DESESPERADOS

no sea difícil o con lo que tengamos que luchar. Dios, en realidad, nos hace gozosos en la casa de oración. En otras palabras, venimos emocionados, con gozo y felicidad debido a la misericordia de Dios.

Algo más para observar es que estos versículos hablan de la visita del extranjero o del forastero a la casa de oración. Cuando uno estudia el templo del Antiguo Testamento, las únicas personas que podían entrar al templo eran los hombres judíos. Las mujeres no podían entrar al templo. Había un atrio afuera del templo llamado el Atrio de las Mujeres.[1] Había otro atrio llamado el Atrio de los Gentiles.[2] Un gentil, o una persona que no era judía, no podía entrar a la casa de Dios porque los gentiles eran incircuncisos y eran considerados impuros. Sin embargo, ahora que el nuevo pacto ha llegado, Dios ha eliminado esas barreras. La casa de oración está abierta para todos.

Recuerdo cuando mi equipo y yo fuimos a Israel y oramos en el Muro de los Lamentos. Aun hoy día, los hombres son los únicos que pueden entrar al templo. Las mujeres tienen un lugar separado, afuera de la cerca. Cuando entramos, las mujeres de nuestro equipo tuvieron que quedarse al otro lado de la cerca. Ellas estaban molestas, y preguntaron: "Apóstol, ¿qué sucede?". Esa experiencia fue tan extraña para nosotros porque las mujeres en mi ministerio están acostumbradas a ser parte de la alabanza, adoración y oración.

Como creyentes del nuevo pacto, ya no tenemos ese tipo de separaciones. Los sistemas religiosos siempre ponen barreras, colocando jerarquías con un grupo acá y otro por allá. Bajo el antiguo pacto, Dios sí instruyó a Israel que fuera una nación apartada. Así que había extraños y forasteros que no tenían un pacto con Dios. Sin embargo, en este versículo en Isaías 56, Dios habla de un día cuando estos ya no serán extraños en la casa de Dios. Ellos vendrían gozosamente de toda nación, pueblo, tribu y lengua.

La oración es especial; no deje de apreciarla

En Mateo 21, sucede algo interesante en la casa de Dios. Evidentemente, la casa que Dios le dio a Israel se había vuelto una cueva de ladrones para cuando Jesús llegó. En el versículo 12, encontramos a Jesús en el templo volcando las mesas de los cambistas y echando a los ladrones. Parecía que Israel en realidad no apreciaba la casa de Dios como debía. En vez de que fuera la casa de oración que Dios quería, ellos permitieron que se convirtiera en un lugar de compra y venta, e incluso de transacciones turbias. No estaban disfrutando a Dios, y Él no los disfrutaba a ellos.

Lo que me llamó la atención en este ejemplo fue que cuando uno no aprecia algo, Dios se lo quita y se lo da a alguien que sí lo aprecie. Usted puede tener algo muy especial, pero lo da por garantizado. Cuando lo tuvo, lo abusó, lo descuidó, se aprovechó de ello, lo maltrató y lo ignoró. Sin embargo, la gente que no lo tenía, estaba muy emocionada de tenerlo cuando lo recibió.

Es fácil olvidar cuán especial es que, primero, seamos templos donde la presencia de Dios puede habitar y, segundo, que podamos reunirnos con otros en el monte de Dios, en la casa de oración, para hablar con Dios y escucharlo hablándonos. Presentar nuestras peticiones a Él y luego escuchar sus planes y propósitos para nuestra vida fue tan emocionante cuando entramos allí por primera vez. Ahora, algunos de nosotros estamos básicamente bostezando y diciendo: "Sí, he estado en esto durante diez años". Algunos de nosotros hemos perdido nuestro gozo, celo y aprecio por ello. Si nos sentimos así en lo que se refiere a la oración, debemos darnos cuenta de que así también era donde Jesús encontró a Israel cuando llegó al templo aquel día.

Él les dejó saber que llegaría el día cuando iba a abrir su casa de oración a todo el mundo. Lo que había sido preparado exclusivamente en Jerusalén ya no sería el lugar de adoración y oración. Jesús confirmó esto cuando le dijo a la mujer: "La hora viene cuando ni en este monte ni en Jerusalén adoraréis al Padre...Mas la hora viene, y ahora es, cuando los verdaderos adoradores adorarán al Padre en espíritu y en verdad" (Juan 4:21–23).

LA ORACIÓN MUEVE EL CIELO Y LA TIERRA

Dios está abriendo su casa de oración para que esta sobrepase las limitaciones naturales. Obviamente, el mundo entero no puede caber dentro de los límites físicos de la ciudad de Jerusalén. Dios está abriendo su casa de oración para que quepa algo celestial, algo más grande que una ciudad o nación terrenal. Él la está abriendo para que sea lo suficientemente grande como para que quepa África, Asia, Europa, Norte América, Sudamérica, Australia y las islas del mar. La está ampliando para que sea lo suficientemente grande para dar cabida a las oraciones de todos. Y ese lugar es la Jerusalén celestial. Si no lo sabía, permítame contarle: el ámbito celestial es más grande que el ámbito terrenal. Esto es a lo que Él realmente se refiere al hablar de la venida del reino de los cielos. Esto es de lo que se trata vivir verdaderamente en el reino. Es cuando el cielo toca la tierra.

Vivir en el reino es orar con gozo. Lo que llamamos oración en algunas de nuestras iglesias hoy día no es oración. No hay gozo, poder ni fuego. La gente está triste y derrotada al punto en que es difícil que alguien por lo menos quiera orar. En estos escenarios, a veces, hasta nos alegramos cuando la oración ha terminado. Esa no es una oración del reino.

La oración verdadera, efectiva, la oración de los santos viene de personas que están llenas de gozo, emoción, expectativa y fe, que conocen la grandeza y majestad de Aquel a quien oran. Por esto, están listas para orar. Se alegran de venir a la casa del Señor a orar que su voluntad y su gloria entren a la tierra. Entienden el poder del reino. Entienden la plenitud de la salvación que Jesús trajo a la vida de las personas. Entienden el plan de Dios para llenar la tierra de su gloria y comprenden que la oración es la que hace que suceda.

No deberíamos de ser forzados o presionados a orar. Y cuando nos reunimos, debería ser normal que hubiera evidencia de la presencia de Dios. No debería ser normal que no haya gloria, gozo, alabanza, adoración, emoción ni danza. No debería parecernos normal que la gente entre a la casa de oración y esté aburrida y no quiera orar ni abrir su boca. No deberíamos sentarnos allí viendo nuestro reloj o enviando mensajes por teléfono, no si comprendemos lo que significa ser los santos de Dios cuyas oraciones mueven el cielo y la tierra.

Los santos saben que la oración es demasiado especial como para ser tratada como algo común. Sabemos que está bien que nos entreguemos a la profundidad de la oración. Está bien que mostremos emoción cuando entramos a la presencia de Dios con nuestros ruegos y peticiones, honor y reverencia, alabanza y adoración. Está bien mostrar nuestro celo y pasión por el Señor. Está bien venir ante el Señor con grandes expectativas. Está bien disfrutar a Dios y saber que cuando oramos, Él escucha nuestras oraciones y las responde. Nuestras oraciones tienen gran impacto tanto en el cielo como en la tierra. No se inhiba. Ore con tal poder que la tierra tiemble, que el trueno estalle, que el relámpago de Dios impacte y que todo plan y propósito de Dios sea establecido en la tierra como en el cielo.

ORACIONES SÍSMICAS QUE LIBERAN LA JUSTICIA DE DIOS

Padre, te agradezco por las cosas grandes y poderosas que están siendo dadas a tu iglesia. Gracias, Señor, por los milagros, el avivamiento y el avance.

Permite que los poderes del infierno sean destruidos. Permite que caiga Babilonia. Haz que el acusador de los hermanos sea silenciado. Que el dragón sea atado. En el nombre de Jesús.

Padre, permite que vengan los nuevos cielos y la nueva tierra. Que venga lo nuevo. En el nombre de Jesús.

Señor, creo que mis oraciones marcan la diferencia. Tengo poder a través de la oración.

Señor, creo en tu Palabra cuando dices: "Clama a mí, y yo te responderé; te daré a conocer cosas grandes y maravillosas" (Jeremías 33:3, RVC). Creo que "todo aquel que invocare el nombre del Señor, será salvo" (Romanos 10:13). Así que, Señor, invoco el nombre de Jesús para salvación, sanidad y liberación. Te invoco, oh Dios, para que liberes las oraciones de los santos en la tierra. Libera un terremoto espiritual. Libera tu trueno. Libera tu relámpago. Libera tu fuego. Libera tu poder. Libera tu juicio. En el nombre de Jesús.

Que la justicia venga, y que caiga el sistema corrupto.

Permite que lo que están oprimidos por los sistemas de este mundo sean liberados de los poderes que los atan. En el nombre de Jesús.

Libera tu venganza sobre los principados y potestades que gobiernan en los lugares altos.

Permite que los líderes malvados sean expuestos y, si no se arrepienten, que sean removidos de sus cargos, y substituidos por líderes justos.

Permite que los malos sistemas sociales, políticos, religiosos y económicos sean destruidos. Deja que la justicia y la rectitud tomen su lugar.

Cambia nuestras ciudades, estados, naciones y nuestro mundo, oh Dios. Permite que el malvado sea removido de su lugar. Deja que tu gloria extermine cualquier cosa que no sea santa como eres tú.

Señor, acudo a ti en la hora oscura.

Señor, deja que venga tu reino.

Permite que los santos oren y no desmayen.
Permítenos persistir, oh Dios. No permitas que
caigamos en un adormecimiento espiritual.
Deja que estemos despiertos y oremos.

Permite que mis oraciones vayan a un nuevo nivel.
Permite que mi vida de oración entre
a una nueva dimensión.

Escucha y responde mis oraciones, oh Dios, y trae
milagros y avances no solo a mi vida, sino a cada lugar
oscuro y malvado en la tierra. Que reine tu justicia.

Permite que todo lo que se interponga en mi camino
caiga a causa de mis oraciones. En el nombre de Jesús.

Señor, manda tu gracia, favor y *shalom* sobre todo
tu pueblo. Haz milagros para nosotros, oh Dios.
Muéstrate fuerte por nosotros y en la tierra.

Que toda rodilla se doble y que toda lengua confiese que tú eres Señor y que tu reino gobierna y no tiene final.

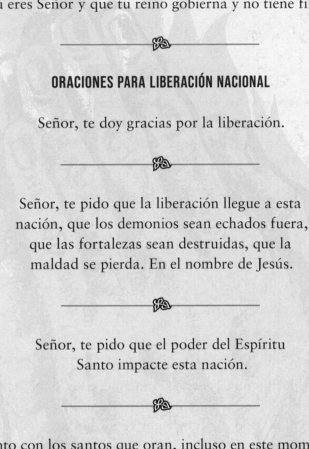

ORACIONES PARA LIBERACIÓN NACIONAL

Señor, te doy gracias por la liberación.

Señor, te pido que la liberación llegue a esta nación, que los demonios sean echados fuera, que las fortalezas sean destruidas, que la maldad se pierda. En el nombre de Jesús.

Señor, te pido que el poder del Espíritu Santo impacte esta nación.

Junto con los santos que oran, incluso en este momento, Dios, vengo contra los demonios de perversión, racismo, pobreza, ira y violencia. Los ato en el nombre de Jesús. Te pido que sus asignaciones sobre nuestra generación y las venideras sean destruidas. En el nombre de Jesús.

Señor, te pido que salves, sanes y rescates a quienes ha sido vencidos por estos demonios y a quienes han sido sus víctimas. En el nombre de Jesús.

Oro por los jueces, los que hacen las leyes y demás trabajadores de la justicia, en el nombre de Jesús, que ellos hagan juicios rectos y justos.

Padre, oro para que un fuerte poder de liberación barra mi iglesia y mi nación. Oro para que tu liberación venga a tu iglesia mundial y a todas las naciones de la tierra. En el nombre de Jesús.

Dios, te pido por los predicadores que no echan fuera demonios. Señor, permite que ellos empiecen a hacerlo. Señor, te pido por los pastores que no tratan con la liberación. Oramos que tú los libertes, oh Dios, de los demonios de religión y tradición. Pon en su corazón una indignación santa hacia la injusticia y la opresión de tu pueblo. Aumenta su amor y compasión por aquellos que están oprimidos por el diablo.

Padre, te agradezco por la salvación y la liberación que viene a mi país. Te pido que venga un avivamiento a la iglesia.

Señor, te pido que un nuevo espíritu de oración
se extienda por todo el Cuerpo de Cristo.

Señor, oro por los líderes religiosos que no guían
rectamente a tu pueblo. Abre sus ojos a sus propias
injusticias. Facúltalos por medio de tu Espíritu
para que se arrepientan y sean libertados.

Señor, en el nombre de Jesús ato al espíritu de
transigencia. Oro para que el Espíritu Santo los
redarguya. Te pido que la santidad vuelva a la casa de
Dios. Ruego que la justicia vuelva a la iglesia. Oro para
que esté en nuestras iglesias. Oro para que el poder de
Dios se manifieste en nuestra iglesia. En el nombre de
Jesús ato todo diablo mentiroso y demonio de engaño
que provoque que la gente piense que las ataduras son
normales y que no pueden hacer nada para evitarlo.

Permite que fluyan ríos de agua viva de mi ser.

Que la mano que rescata sea liberada.

Que la mano de Dios venga sobre nosotros.

Permite que la espada del Señor separe toda obra de las tinieblas para romper las cadenas, lazos y grilletes de hierro. Las rompo y las reprendo en el nombre de Jesús.

Reprendo todo demonio inmundo que ande suelto en mi nación. Lo ato en el nombre de Jesús.

Declaro que mi nación no está regresando a la injusticia. Avanza hacia la justicia. En el nombre de Jesús.

ORACIONES PARA VOLVER A COMPROMETER LA CASA DE ORACIÓN

Padre celestial, me comprometo de nuevo a la casa de oración por todas las naciones.

Señor, tú me has traído a tu monte y me has dado gozo en la casa de oración. Disfrutaré la casa de oración y tomaré mi lugar en ella.

Echo fuera la falta de oración, pereza, lentitud, tibieza y apatía. Permite que un viento fresco de oración sople en nuestra iglesia. Lo creo y lo recibo, en el nombre de Jesús.

Capítulo 9

LUEGO, VIENE EL AVIVAMIENTO

De ocho años era Josías cuando comenzó a reinar, y treinta y un años reinó en Jerusalén... A los ocho años de su reinado, siendo aún muchacho, comenzó a buscar al Dios de David su padre; y a los doce años comenzó a limpiar a Judá y a Jerusalén de los lugares altos, imágenes de Asera, esculturas, e imágenes fundidas.

—2 Crónicas 34:1–3

E l avivamiento es necesario durante los tiempos desesperados. La injusticia y los problemas sociales que vemos crean la urgencia necesaria para estimular un espíritu de oración dentro del Cuerpo de Cristo. Cuando los santos oran y buscan a Dios, Él nos muestra lo que se necesita limpiar para traer avivamiento y restauración a nuestra vida y comunidad. El reino del rey Josías, registrado en 2 Crónicas 34 y 35, nos da un patrón para ver venir un avivamiento, renuevo y restauración en nuestras situaciones más desesperadas.

Para tener un escenario apropiado del ambiente en el que Josías llegó a ser rey, necesitamos ver brevemente el gobierno de los reyes que vinieron antes que él: su padre, abuelo y bisabuelo. Empezaré con su bisabuelo, Ezequías. Él fue un rey piadoso que, si recuerda, se enfermó y le pidió al Señor que extendiera su vida. Dios le concedió la petición, y Ezequías gobernó rectamente durante el resto de su vida, llevando el avivamiento de regreso a la tierra. Sin embargo, después de que Ezequías murió, su hijo, Manasés (el abuelo de Josías) subió al poder.

Manasés fue uno de los reyes más malvados que Israel haya tenido. (Vea 2 Crónicas 33.) Él tuvo el reinado más largo, cincuenta años, durante el cual guio a Israel a todo tipo de idolatría, hechicería, brujería y adivinación. Como juicio en su contra, Dios hizo que el rey de Babilonia viniera y sacara a Manasés de su trono en Jerusalén y lo puso en prisión en Babilonia. Mientras estaba en la prisión, Manasés se arrepintió porque reconoció que se había equivocado y Dios lo restauró en su trono en Jerusalén.

La historia de Manasés es uno de los relatos más sorprendentes en la Biblia. Se trata de un individuo que estaba involucrado en todo tipo de hechicería y adivinación, pero se arrepintió. La Biblia dice que él se humilló y que Dios lo sacó de la prisión y le restauró su trono en Jerusalén. Cuando murió, su hijo, Amón, subió al trono.

Amón también fue un rey malo. (Vea 2 Crónicas 33:21–25.) Reinó solamente por dos años antes de que sus sirvientes conspiraran en su contra y lo mataran. Después de asesinarlo, la gente del territorio atrapó a todos los que conspiraron contra Amón, los mataron, y coronaron a Josías como su nuevo rey.

Cuando Josías subió al trono, él tenía solamente ocho años. Su padre acababa de ser asesinado, así que él estaba entrando a una situación bastante mala. Siendo tan joven, probablemente tenía a alguien ayudándole a gobernar el reino. El, de inmediato, se puso en camino para convertirse en uno de los reyes piadosos más grandes de Israel. Él fue responsable de la reparación de la casa de Dios, la cual había estado abandonada y en mal estado. Él restauró la Pascua a la tierra, el sacerdocio regresó a su propósito y la alabanza y la adoración volvieron a la casa de Dios. Además, él fue el responsable de redescubrir la Ley de Dios que había estado totalmente perdida.

El reinado de Josías es un modelo de cómo el avivamiento y la restauración del territorio, la tierra, empieza con el pueblo de Dios. Por eso, es muy importante este mensaje sobre qué orar y qué esperar en tiempos desesperados. Estamos en un tiempo de desesperación en nuestro mundo. A lo malo se le llama bueno; a lo bueno se le llama malo. Hay cosas en nuestra vida que tienen que ser depuradas si los tiempos desesperados han de dar paso a los tiempos de avivamiento y gloria. Echemos un vistazo más cercano a los pasos que Josías dio para restaurar la gloria de Dios entre su pueblo, sanar la desesperación de su tiempo y llevar el último avivamiento que el pueblo de Israel vería antes de su cautiverio en Babilonia.

DEPURAR LA TIERRA

A los ocho años de su reinado, siendo aún muchacho, [Josías] comenzó a buscar al Dios de David su padre; y a los doce años comenzó a limpiar a Judá y a Jerusalén de los lugares altos, imágenes de Asera, esculturas, e imágenes fundidas. Y derribaron delante de él los altares de los baales, e hizo pedazos las imágenes del sol, que estaban puestas encima; despedazó también las imágenes de Asera, las esculturas y estatuas fundidas, y las desmenuzó, y esparció el polvo sobre los sepulcros de los que les habían ofrecido sacrificios.

—2 Crónicas 34:3–4

Lo interesante de las acciones iniciales de Josías como rey (y algo que descubriremos después) es que este joven no tenía un Libro de la Ley. Fue descubierto hasta después. Todas sus acciones hasta este punto se basaban en su deseo de buscar a Dios. Y con ese deseo, Dios puso en el corazón de Josías la motivación para quitar ídolos e imágenes de todo el territorio. Josías empezó a depurar la tierra de Judá y la ciudad de Jerusalén.

¿Cómo aplicamos esto en nuestra vida?

Deshágase de los ídolos

La historia de Josías nos muestra que cuando buscamos a Dios, Él nos da el deseo de deshacernos de las cosas impías en nuestra vida. Cuando usted busca a Dios, lo encuentra. Y, a medida que usted entra en su presencia, es redargüido y empieza a querer tomar la imagen de Él, la cual es santa. Está motivado a quitar las cosas de su vida que lo separan de Dios y su estándar de santidad. Una persona que busca a Dios por cualquier período de tiempo empezará a quitar los ídolos y las cosas inmundas de su vida. Por eso, usted no puede decirme que alguien está verdaderamente buscando a Dios y todavía se aferra a los ídolos. Esta depuración también es una imagen de liberación.

Mire, muchas veces queremos avivamiento, pero no queremos obtenerlo a la manera de Dios. Queremos ver el mover de Dios en la tierra; queremos paz y libertad en nuestra vida; queremos el cumplimiento de sueños; queremos bendiciones; queremos fruto, incremento y multiplicación; pero no queremos buscar a Dios y empezar a tratar con las cosas en nuestra vida que ponemos antes que a Dios. Sin embargo, esto es lo que debería suceder y lo que Josías nos ejemplificó durante su reinado en Israel.

Busque las raíces de pecado y ataduras generacionales y quémelas

> Quemó además los huesos de los sacerdotes sobre sus altares, y limpió a Judá y a Jerusalén.
>
> —2 Crónicas 34:5

Lo que Josías hizo aquí parece grosero o extremo, pero los sacerdotes eran falsos sacerdotes, y eso muestra el nivel de justicia piadosa y celo en este hombre de veinte años. Él no solo trata con las cosas de manera amable, lo cual es un problema que a veces nosotros tenemos. Queremos lidiar amablemente con el enemigo y sus artefactos, pero así no es como nos liberamos. A veces, se requiere un celo santo para derribar los ídolos y las cosas en nuestra vida y el territorio que se levantan contra el conocimiento de Dios. No podemos simplemente palparlas. A veces, tenemos que echarlas fuera o derribarlas.

Entonces, la Biblia nos dice que Josías empezó a destruir cosas. Él desenterró los huesos de los falsos sacerdotes (como si su control y profecías falsas sobre el pueblo no estuvieran suficientemente muertas) y los quemó. Es como si hubiera llamado a la oficina del médico forense y pedido que exhumaran los huesos de los falsos sacerdotes solo para estar seguro de que estaba muerta toda cosa mala a la que incitaron al pueblo.

Josías reconocía que su ciudad estaba contaminada e impura, que necesitaba limpiarse en honor al Dios que les había dado el territorio. Él estaba lidiando con las cosas que cada rey impío antes de él había traído a la tierra. Él sabía que uno de sus propios antepasados había llevado al pueblo a la rebeldía y permitido todo tipo de maldad. Él estaba volteando las mesas y limpiando ataduras y fortalezas generacionales.

Muchas veces hablamos de recibir liberación de espíritus generacionales. Algunas de las cosas con las que luchamos han sido introducidas a nuestra vida o a nuestra comunidad como resultado de lo que hicieron nuestros antepasados. Podría ser fumar, beber, perversión, lujuria, inmundicia, adicciones, hechicería o mal manejo del dinero y los recursos. Independientemente del tiempo que esos problemas han estado en su familia, cuando empiece a buscar a Dios, Él le dará el deseo de sacarlas de su vida, de ser limpiado, de orar para que venga el avivamiento y de querer que la bendición de Dios venga sobre su vida. Su Espíritu hará que usted quiera librarse de esas cosas para que pueda tener la plenitud de Dios.

Dios le mostrará de qué debe deshacerse

A veces, cuando sentimos que hemos estado alejados de Dios y empezamos a acercarnos, podríamos no saber con exactitud de qué debemos deshacernos para tener más de Él en nuestra vida. Sin embargo, mientras hace esto, confíe en que Dios le guiará. Estoy seguro de que esto es lo que sucedió en el caso de Josías. Él no tenía las Escrituras, y cuando finalmente recibió la confirmación de parte del Señor por medio de la profetiza Hulda, él ya estaba bien adentro del proceso de depuración. Ella respondió con una palabra profética para él, confirmando que él iba en la dirección correcta.

> Y tu corazón se conmovió, y te humillaste delante de Dios al oír sus palabras sobre este lugar y sobre sus moradores, y te humillaste delante de mí, y rasgaste tus vestidos y lloraste en mi presencia, yo también te he oído, dice Jehová. He aquí que yo te recogeré con tus padres, y serás recogido en tu sepulcro en paz, y tus ojos no verán todo el mal que yo traigo sobre este lugar y sobre los moradores de él.
> —2 Crónicas 34:27–28

Si recuerda, en el relato de Ana, el profeta Elí se involucró en su historia hasta el final. Él confirmó que Dios había escuchado sus oraciones y le concedería su petición (1 Samuel 1:17). Pero ella había estado a solas con Dios por años y años antes de recibir una palabra del profeta. Durante ese tiempo, podemos concluir que Ana se mantuvo fiel al Señor. Buscó primero a Dios con su deseo de tener un hijo en lugar de ceder ante la preocupación y tratar de manipular las cosas por sus propios medios para obtener lo que deseaba. Debido a que ella buscó a Dios como su fuente, Él pudo guiarla, aún antes de intervenir por medio de Elí y, entonces, responder su oración.

Dios le ayudará. Él le mostrará qué hacer aun si no hay un profeta o palabra profética que le ayude a empezar. Pero además creo que lo profético es importante para la liberación, la restauración y el avivamiento. Su función primaria en el cuerpo de Cristo es "para arrancar y para destruir, para arruinar y para derribar, para edificar y para plantar" (Jeremías 1:10). Así que, en algún punto, Dios enviará un profeta para ayudar.

Por lo tanto, no las desprecie cuando personas piadosas, proféticas, llegan y empiezan a ayudarle a limpiar. A veces, las necesitamos porque nosotros, sencillamente, no sabemos qué hacer. Estamos buscando a Dios, y Él está tratando con nosotros. Pero una de las maneras en que Él ayuda es enviando a una persona piadosa que dirá: "Esto no es de Dios, y eso no es de Dios. Necesitas deshacerte de esto. Necesitas desenterrar eso y quemarlo". Si usted quiere que Dios se manifieste en su vida, tiene que deshacerse de algunas cosas y, Él en su misericordia, le ayudará.

Desenterrar cosas no siempre es agradable

No, no siempre va a ser agradable desenterrar algunas de las cosas que Dios le muestra. ¿Puede imaginarse cómo fue para los sacerdotes desenterrar los restos dc los falsos profetas? Esta es la parte desagradable del avivamiento con la que no queremos lidiar. Algunas personas solamente quieren entrar directamente a la presencia de Dios, pero usted no entra directamente a la presencia de Dios cuando tiene un montón de basura en su vida. Su gloria lo aplastaría.

Para poder soportar el avivamiento bajo el peso de la gloria de Dios, tiene que tener un corazón puro y limpio. Este es el lugar hacia donde Josías estaba llevando al pueblo. Se llama arrepentimiento, renunciación y liberación. No es agradable, pero es necesario.

Algunos predicadores de la actualidad le dirán que no tiene que deshacerse de nada, que Dios lo ama y acepta como es. Todo es por gracia. Esto es parcialmente cierto. Dios sí lo ama. Él nos ama a todos. Pero usted no puede tener un montón de cosas impías en su vida o en su territorio y esperar que venga la bendición de Dios y el avivamiento. La presencia de Dios no habita entre demonios, brujería y hechicería, ni perversión. Esas cosas tienen que salir.

Escuche, estamos tratando de recibir la gloria de Dios en nuestra vida, ¿cierto? Estamos cansados de vivir sin la plenitud de su presencia. Queremos ser reavivados y restaurados, ¿verdad? Eso significa que sencillamente no podemos llevar cualquier clase de vida harapienta e impía. Permítame también dejar esto claro: No estoy hablando de cuando usted tiene un problema y ya está esforzándose para ser libertado. Tampoco estoy diciendo que tiene que ser perfecto y que nunca puede cometer errores. Estoy hablando de estilos de vida pecaminosos donde la gente simplemente lo acepta y llama malo a lo bueno y a lo bueno malo, donde incluso si están conscientes de su pecado, se resignan a no hacer algo al respecto. No, Dios tiene estándares de santidad y rectitud, y su gloria no habitará en nada menos.

REPARE LA CASA

A los dieciocho años de su reinado, después de haber limpiado la tierra y la casa, envió a Safán hijo de Azalía, a Maasías gobernador de la ciudad, y a Joa hijo de Joacaz, canciller, para que reparasen la casa de Jehová su Dios.

—2 Crónicas 34:8

Lo segundo que hizo Josías, después de depurar la tierra, fue reparar la casa de Dios. Este es el siguiente paso significativo debido a lo que hemos descubierto hasta ahora sobre lo que representa la casa de Dios. En el Antiguo Testamento, claro está, la casa de Dios era un lugar físico en Jerusalén. Era el lugar de adoración y oración. Vemos en el proceso de Josías que cuando buscamos a Dios y depuramos las cosas de nuestra vida a través de liberación y oración, es natural que empecemos a dirigirnos hacia un lugar de adoración. La voluntad de Dios siempre ha sido que adoremos, que tengamos acceso a lo que Jacob vio en el lugar que él llamó Betel, el lugar donde los ángeles ascendían y descendían. (Vea Génesis 28:12–19.) La casa de Dios es la puerta al cielo. Allí, las bendiciones del cielo vienen a su vida.

Yo creo que lo que muchas veces estorba la adoración es que la gente que procura adorar no ha tratado con las cosas en su vida. Queremos adoración gloriosa. Queremos que los cielos desciendan. Queremos que el humo sea como una nube que llena el edificio. Sin embargo, a veces, no queremos tratar con la basura que hay en nuestra vida. No obstante, la verdadera adoración solamente surge de un lugar de limpieza y devoción.

La razón por la que la casa de Dios necesitaba ser reparada era porque se había caído como consecuencia del pecado y la idolatría. Tenía que ser reparada y reconstruida. Muchas veces, llegamos a darnos cuenta de esto en nuestra vida cuando vemos la condición del mundo que nos rodea. Sabemos que el arrepentimiento y la depuración son necesarias. Sabemos que la restauración y reparación deben suceder. Así que empezamos a limpiar las cosas basándonos en nuestro deseo de buscar a Dios. Luego, la palabra del Señor viene, y recibimos verdad e instrucción sobre lo siguiente que debemos hacer.

RECUPERE LA VERDAD

Y al sacar el dinero que había sido traído a la casa de Jehová, el sacerdote Hilcías halló el libro de la ley de Jehová dada por medio de Moisés.

–2 Crónicas 34:14

¿Se imagina? Israel se había apartado tanto de Dios que perdió su Biblia. ¿Cómo puede uno perder la Ley de Dios? ¿Cómo se llega a un punto donde una nación con la que Dios hizo un pacto no se da cuenta que perdió la Ley de Dios? ¿Cómo se desviaron tanto de Dios que ni siquiera los sacerdotes, quienes se suponía que debían enseñar la Ley, no sabían dónde estaba y nunca la habían leído?

Y dando cuenta Hilcías, dijo al escriba Safán: Yo he hallado el libro de la ley en la casa de Jehová. Y dio Hilcías el libro a Safán.

–2 Crónicas 34:15

Lo que encontró fue Deuteronomio, la segunda transmisión de la Ley de Dios, la cual enumera las bendiciones y las maldiciones que resultarían si el pueblo de Dios era fiel, o infiel, en guardar el pacto que Dios hizo con ellos. Cuando ellos llegaron a las maldiciones, ¿se imagina escucharlas por primera vez?, Josías rasgó sus ropas y básicamente dijo: "Mi Dios, estamos en problemas". Esta era la primera vez que él escuchaba esto.

Ahora, usted lo tiene en su Biblia, y puede leerla. De hecho, probablemente usted cita parte de ello como un decreto o declaración: "Bendito soy en mi entrada. Bendito en mi salida. Soy cabeza y no cola. Bendecido en la ciudad y bendecido en el campo". Usted ha escuchado esto antes, pero Josías no.

Y mandó a Hilcías y a Ahicam hijo de Safán, y a
Abdón hijo de Micaía, y a Safán escriba, y a Asaías
siervo del rey, diciendo: Andad, consultad a Jehová
por mí y por el remanente de Israel y de Judá acerca
de las palabras del libro que se ha hallado; porque
grande es la ira de Jehová que ha caído sobre nosotros, por cuanto nuestros padres no guardaron la
palabra de Jehová, para hacer conforme a todo lo
que está escrito en este libro. Entonces Hilcías y los
del rey fueron a Hulda profetisa.

—2 Crónicas 34:20–22

Gracias, Dios, por los profetas. El rey tuvo la Palabra de
Dios y no sabía qué hacer, así que mandó a buscar un profeta.
En respuesta, ella le envía una palabra del Señor diciéndole lo
que iba a suceder.

Otro principio en esta historia que quiero mostrar aquí
es que, cuando usted busca a Dios, eso no solo lo llevará a
depurar cosas y a llegar a un lugar de adoración, sino que,
también, le guiará a descubrir la verdad que había estado perdida. Cada vez que hay un mover de Dios o un avivamiento,
se recuperan ciertas verdades que de alguna manera estaban
perdidas. Perdemos ciertas verdades a causa de la negligencia y del pecado, pero en el avivamiento estas verdades se
recuperan porque estamos buscando a Dios y empezando a
restaurar la entrada a su presencia. Por ejemplo, con el avivamiento de la calle de Azusa a principios de los años 1900, la
verdad redescubierta fue el bautismo del Espíritu Santo con
la evidencia de hablar en lenguas. Es muy importante que
redescubramos no solo la adoración, sino también la verdad.
La verdad liberta. Juan 8:32 dice: "y conoceréis la verdad, y
la verdad os hará libres".

El avivamiento no es solamente para que usted se sienta bien, grite, dance, sienta escalofríos y caiga en el Espíritu. Avivamiento es restauración. Avivamiento es adoración. Avivamiento es reparar la casa de Dios. Avivamiento es redescubrir la verdad a través de la Palabra de Dios y destruir la ignorancia. El avivamiento trae muchísimas bendiciones a su vida. En el avivamiento usted empieza a andar en las cosas que se habían perdido a través de los años de negligencia. Cuando estas cosas salen a luz, entonces, usted puede reaccionar renovando su pacto con Dios.

RENUEVE EL PACTO

Cuando Josías oyó el Libro de la Ley, no lo tomó solo para él. Se aseguró de que los sacerdotes, los levitas, y toda la gente, pequeños y grandes, también recibieran estas verdades. Él les leyó la palabra y, en 2 Crónicas 34:31 vemos que hizo un pacto con Dios:

Y estando el rey en pie en su sitio, hizo delante de Jehová pacto de caminar en pos de Jehová y de guardar sus mandamientos, sus testimonios y sus estatutos, con todo su corazón y con toda su alma, poniendo por obra las palabras del pacto que estaban escritas en aquel libro.

El avivamiento hace que la gente renueve su compromiso con Dios.

Luego, observe el versículo 33:

Y quitó Josías todas las abominaciones de toda la tierra de los hijos de Israel, e hizo que todos los que se hallaban en Israel sirviesen a Jehová su Dios. No se apartaron de en pos de Jehová el Dios de sus padres, todo el tiempo que él vivió.

Después de que Josías renovó el pacto con Dios, llevó más lejos lo que el mover de Dios estaba estimulando en su área inmediata. Él fue a todos los países donde la gente de Israel vivía y quitó todas las abominaciones.

A veces, una liberación no es suficiente. Usted puede empezar limpiándose y depurándose a sí mismo, pero mientras más escucha la Palabra de Dios, entra a la casa de Dios y se comprometa nuevamente con Él, más empezará a depurar y a quitar las cosas en su vida que Dios le muestra que deben irse.

ACEPTE LA UNCIÓN DE JOSÍAS

Asimismo los cantores hijos de Asaf estaban en su puesto, conforme al mandamiento de David, de Asaf y de Hemán, y de Jedutún vidente del rey; también los porteros estaban a cada puerta; y no era necesario que se apartasen de su ministerio, porque sus hermanos los levitas preparaban para ellos.

—2 Crónicas 35:15

Cuando parece que todo se ha perdido, Dios levantará a los *Josías*, reformadores, hombres y mujeres apostólicas para recuperar lo que estaba perdido. Estos líderes nos guían a través del proceso de restauración y nos ayudan a depurar cosas en nuestra vida, a comprometernos nuevamente con Dios, a restaurarnos en nuestro lugar en el reino y a reconstruir ministerios. Ellos inician el proceso de limpieza y destruyen fortalezas. Predican la palabra de verdad recuperada y guían el proceso de reparación, reconstrucción, restauración y renovación de nuestro compromiso con la Palabra de Dios. Se restaura la adoración. Los cantantes están nuevamente en su lugar, y vuelven todas las cosas que estuvieron perdidas por generaciones.

Reclamar y restaurar exitosamente lo perdido depende del liderazgo. El líder, Josías, fue ungido para la obra. Realmente se necesita una unción como la de él para hacer que suceda este nivel de transformación. La unción de Josías es un tipo de unción apostólica. Él era el rey, que es un tipo de apóstol en el sentido de que él lidiaba con las cosas que se habían salido del orden. A través de su liderazgo, la función y el propósito del templo fueron restaurados. Volvieron a tener adoración y la Pascua, los sacerdotes, la palabra del Señor y los cantantes fueron restaurados a su gloria inicial. Todo lo que se había perdido fue restaurado.

Observe que los profetas no llevaron el avivamiento en esta historia. Fue el rey. El rey estaba poniendo las cosas en orden. En la manera en que Dios señala apóstoles para destruir lo que está contaminado y establecer la justicia de Dios, Josías fue llamado a destruir la iniquidad y la idolatría en su territorio.

A veces, a la gente se le dificulta tratar con quienes tienen una unción apostólica fuerte y audaz. Dice: "Él es muy fuerte. Predica muy duro. No tiene amor". Pero no podemos simplemente ser amables, sonrientes y amorosos con el pecado y la idolatría que nos impiden entrar a la adoración verdadera y al avivamiento. Nunca podemos darnos el lujo de no reprender, corregir ni confrontar a la brujería, la lujuria, la perversión, la injusticia o la opresión que se opone a Dios y a su pueblo. Tenemos que lidiar primero con la basura antes de que la casa de Dios pueda ser restaurada.

Supongo que cuando Josías estaba desenterrando los huesos de los sacerdotes, el pueblo decía que él no tenía amor. "¿Por qué estás desenterrando sus huesos y quemándolos? Eso no es amor". Sin embargo, solo hay una manera para lidiar con los demonios. Tiene que derrotarlos. Atacarlos. Quemarlos. Luego, usted puede ir a reparar la casa de Dios. Usted ni siquiera puede pensar en edificar la adoración cuando el pecado, la rebeldía y la desobediencia andan sueltas.

En muchísimas iglesias, la gente dice: "Incluyamos adoración". No, primero vamos a tener una liberación masiva. Vamos a echar fuera a los demonios primero. No podemos adorar a Dios con ídolos en el territorio. En el nuevo pacto, somos un sacerdocio santo, somos profetas y todos somos ministros de Dios. Algunos de nosotros tenemos la unción de Josías, y podemos aceptar la responsabilidad de ser los que dirigirán la limpieza de la casa, primeramente, en nuestra vida y, luego, pasar estratégicamente a las iglesias para que, como un solo cuerpo, podamos impactar a nuestras comunidades.

La casa de Dios debería ser una casa de gloria y una casa de oración, no un lugar de entretenimiento. Sin embargo, se requiere cierto tipo de líder que esté dispuesto a lidiar con los ídolos, la codicia, la avaricia, la lujuria y la perversión. Todos estos ídolos representan ciertos espíritus en el corazón de la gente. Los líderes apostólicos fuertes predicarán la verdad, traerán avivamiento y restauración, y llevarán a la gente al redescubrimiento de lo que se había perdido.

NO PERMITA QUE EL AVIVAMIENTO MUERA

El reinado de Josías es una historia maravillosa, pero también es triste. Fue el último mover de Dios que tuvo Israel. Justo después de que Josías murió, Israel volvió a caer. El avivamiento ni siquiera duró más de una generación. Sus hijos guiaron al pueblo de regreso a la idolatría y, entonces, Dios llevó a los babilonios y llevaron a Israel al cautiverio.

Pero Dios es un Dios tan misericordioso. Después de setenta años, Él los regresó de Babilonia para reconstruir el tiempo y volver a restaurarlos.

Dios siempre quiere restaurar, reparar y reconstruir a su pueblo. Cuando nos equivocamos, Dios, en su misericordia, siempre levanta personas que traerán avivamiento y gloria. Así que nuestra oración para esta generación es que Dios levante hombres y mujeres piadosas que traigan nuevamente avivamiento a las ciudades e iglesia de todas las naciones del mundo. Que nuestras iglesias, una vez más, estén llenas del poder y la gloria de Dios. Que Dios las levante.

Quizá usted sea un Josías que ha estado escondido y Dios lo está llamando a dirigir una posición. Quizá su época seca es una época de poda y depuración para que no haya nada que se interponga en la manifestación del favor, la gloria y la bendición de Dios a través de usted para ser de bendición para los demás. Me atrevería a creer que hay más Josías entre nosotros de lo que estamos conscientes. Con lo que estamos enfrentando en la tierra en esta época, me atrevería a creer que los Josías se acercan. Con ellos, viene el avivamiento. Oro que, cuando veamos las señales, seamos lo suficientemente celosos para hacer lo que sea necesario para avivar las llamas, para ver la gloria de Dios llenar la tierra. Que seamos una generación que no permite que muera lo que ha empezado en las generaciones anteriores.

BUSQUE A DIOS INSISTENTEMENTE

Cuando buscamos a Dios, Él responde. Cuando usted busca a Dios, no es una pérdida de tiempo. Cuando lo busca, usted empieza a echar a andar una cadena de eventos que cambia permanentemente la vida de la gente. A veces, el diablo intentará desanimarlo, pero la Biblia dice que Dios es galardonador de quienes lo buscan diligentemente. Cuando usted empieza a estudiar la Palabra, ora, adora y trata con las cosas en su vida que no son de Él, el diablo no le facilitará las cosas. Él se le opondrá a usted. Sin embargo, si usted insiste en el proceso, Dios lo bendecirá y hará que su gloria se manifieste.

ORACIONES DE
ARREPENTIMIENTO Y RENUNCIA[1]

Señor, me arrepiento en polvo y ceniza (Job 42:6).

Me arrepentiré para no perecer (Lucas 13:3).

Me arrepiento de mi maldad y ruego que los pensamientos de mi corazón me sean perdonados (Hechos 8:22).

No toleraré al espíritu de Jezabel en mi vida. No sufriré angustia debido a su adulterio. Me arrepentiré y retendré lo que tengo (Apocalipsis 2:20–25).

Gracias, Señor, porque mis pecados han sido borrados y porque han venido tiempos de refrigerio de tu presencia, porque me he arrepentido y me he convertido (Hechos 3:19).

Señor, me arrepiento. No quites mi candelero de su lugar (Apocalipsis 2:5).

Recibo el don del Espíritu Santo porque me he arrepentido y he sido bautizado (Hechos 2:38).

―――――― ❧ ――――――

Señor, me arrepiento pues tu reino está cerca (Mateo 3:2).

―――――― ❧ ――――――

Señor, me arrepiento, que tus obras poderosas se hagan en mí (Mateo 11:20).

―――――― ❧ ――――――

Seré celoso y me arrepentiré porque tú me amas y me castigas (Apocalipsis 3:19).

―――――― ❧ ――――――

Me convertiré a Dios y haré obras dignas de arrepentimiento (Hechos 26:20).

―――――― ❧ ――――――

Me arrepiento ahora, porque no siempre pasarás por alto mi ignorancia (Hechos 17:30).

―――――― ❧ ――――――

El asirio no será mi rey porque yo me arrepiento voluntariamente (Oseas 11:5).

Me arrepiento y creo en el evangelio (Marcos 1:1).

Me arrepiento ahora de mis malos caminos
y de la maldad de mis obras, para que pueda
morar en la tierra que el Señor nos ha dado a mí
y a mis padres para siempre (Jeremías 25:5).

Me arrepiento, Señor, y me alejo de mis ídolos
y de todas mis abominaciones (Ezequiel 14:6).

No me juzgues, oh Señor. Me arrepiento
y aparto de todas mis transgresiones para que la
iniquidad no sea mi ruina (Ezequiel 18:30).

Me arrepiento y hago súplicas a ti,
Señor, diciendo:
"He pecado y he hecho lo malo.
He cometido impiedad" (1 Reyes 8:47).

Recuerdo lo que he recibido y oído.
Lo guardo, me arrepiento y me mantengo
vigilante (Apocalipsis 3:3).

Permite que el arrepentimiento y la remisión
de pecados sean predicadas en tu nombre
a todas las naciones (Lucas 24:47).

Me arrepiento ante Dios y permanezco fiel
a mi Señor, Jesucristo (Hechos 20:21).

La tristeza que es según Dios produce arrepentimiento
para salvación. No lo lamentaré (2 Corintios 7:10).

El Señor da a Israel arrepentimiento y
perdón de pecados (Hechos 5:31).

Me levantaré e iré a mi Padre, y le diré: "Padre, he
pecado contra el cielo y ante ti" (Lucas 15:18).

ORACIONES PARA
RESTAURACIÓN Y AVIVAMIENTO

Señor, te agradezco por la restauración y el avivamiento.
Te agradezco por mostrarme lo que hay en mi vida
que necesita salir si voy a andar en tu bendición y
favor. Deseo tener tu gloria manifiesta en mi vida.

Señor, te ruego que me restaures y hagas brillar tu rostro sobre mí para que pueda ser salvo (Salmo 80:19).

———————— ❧ ————————

Vuelve a darme vida, oh Dios, para que me regocije en ti (Salmo 85:6).

———————— ❧ ————————

Señor, devuélveme el gozo de tu salvación y susténtame con espíritu noble (Salmo 51:12).

———————— ❧ ————————

Gracias, Señor, por restaurar mi alma y guiarme en caminos de justicia por amor a tu nombre (Salmo 23:3).

———————— ❧ ————————

Gracias, Señor, por restaurar mi destino (Jeremías 49:6; Joel 3:1)

———————— ❧ ————————

¡Vuélveme a ti, oh Señor, y volveré! Renueva mis días como al principio (Lamentaciones 5:21).

———————— ❧ ————————

Señor, gracias por enviarme al hombre y mujer de Dios que, a la verdad, viene y restaura todas las cosas (Mateo 17:11).

Permite que la casa del Señor sea
restaurada (2 Crónicas 24:4).

Permite que el ladrón me pague siete veces
y me devuelva todo el haber de mi casa
(Proverbios 6:31).

Que los jueces justos sean restaurados a mi territorio
como al principio. Que los consejeros vengan como
eran al antes, para que después seamos llamados la
ciudad de justicia, una ciudad fiel (Isaías 1:26).

Sáname, oh Dios. Guíame y consuélame
(Isaías 57:18).

Restaura la fuerza de tu pueblo, oh
Señor (Lamentaciones 1:11).

Gracias, Señor, porque tú me has llamado a tu
gloria eterna por medio de Cristo Jesús. Restáurame,
apóyame, fortaléceme y establéceme (1 Pedro 5:10).

Señor, te ruego que me restaures todo lo que era mío desde el día que lo abandoné hasta ahora (2 Reyes 8:6).

Señor, gracias por aquellos que has escogido para hacer la obra en la casa del Señor, para repararla y restaurarla (2 Crónicas 34:10).

Señor, te ruego que restaures a tu pueblo, aun el día de hoy, sus tierras, sus viñas, sus olivares y sus casas, junto con una centésima parte del dinero, del grano, del vino y del aceite que han perdido (Nehemías 5:11).

Señor, ten misericordia, pues somos pueblo saqueado y pisoteado; todos hemos sido atrapados en cavernas y escondidos en cárceles. Nos hemos vuelto víctimas, y nadie nos liberta excepto tú. Te rogamos: "Por favor, restitúyenos" (Isaías 42:22).

Señor, gracias por tu Palabra: "Mas yo haré venir sanidad para ti, y sanaré tus heridas, dice Jehová; porque desechada te llamaron, diciendo: 'Esta es Sion, de la que nadie se acuerda'" (Jeremías 30:17). Recupero esta verdad para mi vida, en el nombre de Jesús.

Señor, reclamo esta verdad para mi vida, mi iglesia y mi ciudad: "Y traeré del cautiverio a mi pueblo Israel, y edificarán ellos las ciudades asoladas, y las habitarán; plantarán viñas, y beberán el vino de ellas, y harán huertos, y comerán el fruto de ellos" (Amós 9:14).

Señor, te ruego que le *devuelvas* a tu pueblo la pureza de labios, que todos invoquen tu nombre y te sirvan de común acuerdo (Sofonías 3:9).

Capítulo 10

COSAS NUEVAS SALDRÁN A LUZ

He aquí se cumplieron las cosas primeras, y yo anuncio cosas nuevas; antes que salgan a luz, yo os las haré notorias.

—Isaías 42:9

No os acordéis de las cosas pasadas, ni traigáis a memoria las cosas antiguas. He aquí que yo hago cosa nueva; pronto saldrá a luz; ¿no la conoceréis? Otra vez abriré camino en el desierto, y ríos en la soledad.

—Isaías 43:18–19

H emos visto que, a veces, la oración comienza con nuestras necesidades y nuestras preocupaciones. Sin embargo, a medida que suplicamos ante el trono de Dios y nos disponemos a escucharlo a Él, nuestras oraciones crecen. Experimentamos avance y bendición en nuestra vida. Entramos a ámbitos más grandes de productividad y prosperidad. Empezamos a profetizar de la bondad del Señor y de su poder para librarnos de todos nuestros enemigos. Como le pasó a Ana, nuestra gratitud se torna en un testimonio profético, y empezamos a profetizar de la bondad de Dios en la vida de los demás. Empezamos a ver esperanza para nuestras comunidades, nuestra nación y el mundo. Además, empezamos a tener visiones de avivamiento de gran alcance en la iglesia.

Aunque es posible que pasemos por épocas personales de desesperación, a medida que fijemos nuestros ojos en Dios, empezaremos a ver que los tiempos desesperados se extienden por encima de nosotros hacia el mundo entero. Mientras continuamos en oración, Dios nos mostrará su compasión por el mundo, y nuestras oraciones empezarán a alinearse con su plan; no solo para que su gloria se manifieste en nuestras vidas, sino para hacer que su gloria llene toda la tierra.

Una de las claves en este proceso que no deberíamos pasar por alto es lo que realmente nos sucede en nuestro carácter, nuestra fe y nuestra vida de oración durante las temporadas de desesperación. Las hemos llamado el desierto y el páramo con base a nuestra discusión sobre los hijos de Israel y su trayecto de la esclavitud en Egipto hacia la Tierra Prometida. También lo hemos visto demostrado como depuración y limpieza en la historia del reino de Josías sobre Israel. Debido a que este es un tiempo tan crítico en la vida de un creyente, quiero compartir algunos puntos adicionales sobre esta época antes de entrar a lo nuevo que Dios hará. No podremos experimentar el florecimiento de esas cosas nuevas hasta que obtengamos lo que se supone que debemos recibir de Dios en estas épocas desesperadas.

LO BUENO DEL DESIERTO

En el capítulo 4, discutimos el cruce de Israel por el Jordán, del desierto a la Tierra Prometida. Descubrimos que antes de que pudieran cruzar, muchos de los que salieron de Egipto, unos cuarenta años antes, murieron antes de llegar al Jordán. Israel siempre es una representación de algo espiritual. Estoy seguro de que la pérdida de familiares y seres queridos en el desierto fue dolorosa. Sin embargo, quiero que vea el significado espiritual de la muerte. Mencioné que Dios los había juzgado, y que todos aquellos que eran incrédulos tuvieron que morir y que una generación nueva, fiel, debía surgir antes de que Dios les permitiera cruzar hacia la promesa que había preparado para ellos. En esencia, Dios les habló y dijo: "No, ustedes no cruzarán en su estado actual: murmuración, quejas y dudas. Antes de que salgan de su desierto, su lugar seco, y antes de que vayan a reclamar su posesión, hay algunas cosas entre ustedes que deben morir. Tengo algo más para ustedes. Y aunque mi bendición está sobre ustedes, tienen que permanecer en este lugar hasta que mueran esas cosas".

Algunos de ustedes han estado en un lugar seco. Han estado caminando en círculos en el páramo, el lugar desértico. Saben que hay una tierra prometida que fluye leche y miel; ha sido profetizada sobre ustedes desde que tienen memoria. Sin embargo, están donde están porque Dios tiene que dejar que algunas cosas mueran en ustedes antes de que puedan cruzar. En el caso de Israel, toda una generación tuvo que morir. En su caso, en esta época, Dios tiene cosas que Él necesita eliminar en usted. Créalo o no, eso es lo bueno del desierto.

Algunos tenemos tantas cosas viviendo en nosotros, que no pueden continuar allí si queremos ir a poseer la tierra. Es la gracia de Dios la que dice: "No estás listo para entrar, pero quiero prepararte para ello, de manera que sea una bendición completa y duradera para ti y tus generaciones venideras. Así que tengo que eliminar el orgullo, la vanidad, el egoísmo, la lujuria, la duda, el temor, la rebeldía, la necedad y la desobediencia". Estas son la clase de cosas que caen muertas en el desierto si usted permite que Dios haga su voluntad.

Algunos luchamos contra esta época. Tratamos de aferrarnos a las cosas que deben morir, y estas empiezan a matarnos a nosotros y a nuestro fuego y esperanza en Dios. Permitimos que la amargura, el enojo y el rechazo provoque que nos quejemos contra Dios. Nos volvemos rebeldes y desobedientes. Si usted lee el relato del tiempo de Israel en el desierto, estas son las actitudes que encontrará expresadas entre la generación que murió.

Tenemos su historia para que aprendamos de ella y no hagamos lo mismo que ellos. Permita que el desierto haga su obra divina en su vida. No desprecie el castigo del Señor. Como hijos e hijas de Dios, podemos buscar su amor, gracia y favor aun en las épocas de desiertos. Proverbios 3:11–12, dice: "No menosprecies, hijo mío, el castigo de Jehová, ni te fatigues de su corrección; porque Jehová al que ama castiga, como el padre al hijo a quien quiere".

Podemos entrar en la mentalidad de que Dios no está en contra nuestra, sino que nos está preparando para el lugar que Él ha reservado para nosotros. No podemos entrar a la tierra prometida con incredulidad, desobediencia, temor, ingratitud, impotencia, falta de oración y la incapacidad de persistir y falta de empuje. Lo bueno del desierto es que tenemos la oportunidad de despojarnos de eso y entrar a nuestra tierra prometida llenos de fe, sumisión, valor y agradecimiento. Al salir del desierto, estamos renovados, firmemente plantados, somos inamovibles, estables, consolidados y sabios.

A medida que recibimos esta perspectiva durante esta época, debería sernos fácil aceptar la sabiduría y el tiempo de Dios en prepararnos para una época de bendición y crecimiento. Deberíamos estar preparados para soltar lo que necesita ser descartado. Que muera lo que tiene que morir. Dejarlo atrás. Soltarlo, sea lo que sea.

En círculos, hasta que muera

Mientras atraviesa una época de desierto, hay veces cuando pareciera que camina en círculos. Podía sentir que ha estado antes en un lugar similar. Dios no quiere que vuelva al mismo lugar una y otra vez, repitiendo, rotando alrededor del mismo ciclo, sin salir adelante, sin avanzar, sin entrar nunca a la tierra prometida. Sin embargo, hay cosas a las que se está aferrando y no quiere soltar, tendrá que andar en círculos. Si siente que ha estado mucho tiempo en el mismo lugar y puede decir: "ya he estado aquí antes; esta misma cosa sigue sucediéndome", es momento de ser sincero y descubrir lo que debe morir.

Los desiertos no están hechos para durar eternamente. No se esperaba que los israelitas estuvieran en el desierto durante cuarenta años. Según algunos relatos, el viaje de Egipto a Canaán era un recorrido de pocos días. Sin embargo, Dios los mantuvo allí hasta que toda duda y desobediencia muriera. Una vez librados de eso, Dios le dijo a Israel que su ciclo en el desierto estaba por terminar. Y, este es el momento cuando Moisés entrega una nueva palabra a la nueva generación: "¡Jehová Dios de vuestros padres os haga mil veces más de lo que ahora sois, y os bendiga, como os ha prometido!" (Deuteronomio 1:11). Esta es la bendición de miles que Moisés, justo antes de morir, pronunció sobre el pueblo. Ellos estaban saliendo del desierto y preparándose para entrar a la Tierra Prometida, y él profetizó sobre ellos todo un nuevo nivel de bendición e incremento.

Dios está haciendo lo mismo por usted a medida que sale de esta época de desafío y dificultad. Usted está saliendo. Deje que lo que tiene que morir, muera ahora. Si es incredulidad, déjela morir para que usted pueda dejar de andar en círculos en el desierto año tras año. Si necesita empezar a hablarle a su situación, hágalo. Ate al diablo. Reprenda al demonio del ciclo recurrente. No le permita que le obligue a pensar que las épocas secas son la norma en la vida de un creyente. No lo son. La justicia es la norma. El gozo lo es. La paz lo es. (Vea Romanos 14:17.)

Que las cosas mueran no tiene que tomarle cuarenta años de su vida. Déjelas morir, y que mueran rápido. Y, entonces, permita que Dios pronuncie sobre usted una nueva palabra.

UNA CANCIÓN NUEVA Y UNA PALABRA NUEVA

En Isaías 42:9, Dios nos dice: "He aquí se cumplieron las cosas primeras, y yo anuncio cosas nuevas; antes que salgan a luz, yo os las haré notorias". Y en Isaías 43:19, Él dice: He aquí que yo hago cosa nueva; pronto *saldrá a luz*; ¿no la conoceréis? Otra vez abriré camino en el desierto, y ríos en la soledad". Me gusta el término *saldrá a luz*. Se lee como si las cosas nuevas que Dios quiere hacer van a surgir de la tierra. Es como si empezaremos a ver plantas brotando, capullos brotando de los árboles. Empezaremos a ver que algo que parecía muerto surge a una nueva vida. Veremos árboles que aparentaban estar muertos, sin hojas, —nada de verde por ninguna parte— pero, de repente, brotan nuevos botones. Creo que esto es exactamente lo que Dios nos dice, pero desde una perspectiva espiritual. Estos versículos nos transmiten una palabra profética, que viene de Dios, sobre que Él está haciendo algo nuevo y fresco en nuestra vida.

Entonces, Dios dice: "Antes de que salgan a luz, yo os las haré notorias". Por eso, lo profético es tan importante. También es por eso que me gusta estar rodeado de profetas y gente profética. Cuando Dios está por hacer algo nuevo en su vida, Él le declarará una nueva palabra. Usted volverá a escuchar a Dios por sí mismo y por los demás. ¿No lo vimos con Ana? Después de que se abrió la brecha y tuvo un hijo, ella recibió una nueva palabra de Dios y la pronunció en 1 Samuel 2.

Dios le dirá lo que va a hacer antes de que lo haga porque Él quiere que usted sepa que fue Él quien lo hizo y no usted. De hecho, también creo que la palabra profética no solamente le informa sobre lo que está por suceder, sino que, además, activa lo nuevo que está saliendo a luz. Por eso, cuando usted es verdaderamente profético y está rodeado de gente profética, siempre hay algo nuevo saliendo a luz en su vida. Esa es la naturaleza de lo profético.

Cuando usted es profético, nunca, jamás debería estar estancado en un surco donde nada sucede. Siempre debería haber algo saliendo a luz en su vida. Podría ser una nueva relación, una nueva ciudad, una nueva puerta, un nuevo ministerio, nuevas personas, nuevas conexiones, un nuevo nivel, una nueva revelación, una nueva unción, nuevas finanzas, nuevas brechas abiertas, nuevo favor o nuevas bendiciones. Hay tantas cosas nuevas que Dios puede hacer en su vida.

Con una conexión profética con Dios y otros creyentes, usted vive a la expectativa de las cosas nuevas que siempre están viniendo a su vida. Usted sabrá que, desde la fundación del mundo, Dios ha planeado algunas cosas para su vida. Podría ser que no sucedan todas a la vez, pero a medida que vive su vida, Dios las descubre una por una, Él hace que salgan a luz. Y, a veces, Él guarda lo mejor para lo último, como cuando Él convirtió el agua en vino. (Vea Juan 2:1–10.) Los invitados a la boda le preguntaron al anfitrión: "¿Por qué has reservado el vino hasta ahora?". En la mayoría de los casos, se recomienda que se sirva el mejor vino primero, pero Jesús reservó el mejor vino para el final.

Dios siempre nos lleva a nuevas cosas porque su plan para nuestra vida nunca se completa en solo un corto periodo de tiempo. Así que no se desanime, si usted está en un tiempo de prueba y desafío. No durará eternamente. Las épocas tienen un final. El invierno da paso a la primavera. Si usted hace lo que Dios nos dice que hagamos, si completa está época con fe y obediencia, saldrá de este lugar desolado. Dese cuenta de que lo nuevo es para la gente que hace algo con lo viejo y que es fiel y obediente en la época previa. Si usted es así, continúe a la expectativa de que Dios hará brotar cosas nuevas en su vida. Saldrán a luz.

UNA NUEVA PERSONA

No solo saldrá a luz algo nuevo en su vida, sino que un nuevo usted será formado para administrarlo. Ya hemos hablado de esto respecto al desierto. Ese tiempo de prueba y desafío es parte del proceso para formar una nueva persona en usted. Veamos nuevamente Isaías 43:18–21 (énfasis añadido):

> No os acordéis de las cosas pasadas, ni traigáis a memoria las cosas antiguas. He aquí que yo hago cosa nueva; pronto saldrá a luz; ¿no la conoceréis? Otra vez abriré camino en el desierto, y ríos en la soledad. Las fieras del campo me honrarán, los chacales y los pollos del avestruz; porque daré aguas en el desierto, ríos en la soledad, para que beba mi pueblo, mi escogido. *Este pueblo he creado para mí*; mis alabanzas publicará.

Este versículo provee una revelación muy interesante. Nos habla de cuando Dios hace algo nuevo, Él también forma nuevas personas. Y cuando Él lo hace, las personas declaran su alabanza. Usted siempre sabrá cuando Dios está haciendo algo nuevo en su vida porque siempre habrá una nueva alabanza. De hecho, usted será una nueva persona. Eso no significa que usted tenga que cambiar físicamente y conocer solo nuevas personas. Pero cuando Dios hace algo nuevo, usted se vuelve nuevo. ¿Puede ver cómo esto es cierto? Piense en donde usted está ahora y lo que Dios le pide. ¿Hay cosas que Él quiere que usted suelte? ¿Hay áreas donde Él le está desafiando a crecer? ¿Hay nuevas oportunidades o nuevas personas que Él quiere que usted se atreva a recibir? Las cosas que nos llaman a esforzarnos por encima de nuestra comodidad, que podrían ser dolorosas en alguna forma, son las cosas que nos transforman en nuevas personas que están listas para lo nuevo de Dios.

Al pensar sobre esta transformación, me acuerdo de mi iglesia, *Crusaders Ministries*, y de la historia de cómo empezamos en un pequeño local comercial. Éramos parte de la denominación *Church of God in Christ*. Éramos pentecostales y de santidad. Hacíamos las cosas de cierta manera. Éramos un montón de jóvenes que amaban a Dios. Yo tenía veintiún años cuando llegué a la iglesia, y mi esposa, Wanda, tenía solo dieciséis cuando se unió a la congregación. Cuando entramos a los años ochenta, Dios empezó a formar en nosotros personas totalmente nuevas. Cada vez que pensábamos haberlo logrado, Dios traía algo nuevo. Llegamos al movimiento de *Word of Faith*. Nos convertimos en una iglesia enfocada en la liberación. Luego nos volvimos personas proféticas, y lo siguiente, en personas apostólicas. Llegamos a ser personas de avivamiento y gloria y, luego, personas del reino. Las cosas nuevas de Dios continuaban saliendo a luz. Era casi como que cada vez Dios hacía algo nuevo en nuestra iglesia, nos convertimos en una nueva iglesia. No somos los que solíamos ser. Nos hemos vuelto nuevas personas.

Algunos no podían soportar las cosas nuevas a las que Dios nos llevaba una época tras otra, y optaron por irse. Otros, no querían cambiar. Sin embargo, siempre llegaban personas nuevas mientras algunos de los antiguos se iban. Dios estaba formando una congregación nueva porque Él quería que su gloria reposara entre nosotros.

Dios siempre está haciendo algo nuevo, lo que nos llama a ser nuevas personas. Cuando Dios nos reveló su plan para libertar a su pueblo del tormento del enemigo, eso es la liberación, era algo nuevo. Fresco. Estábamos emocionados. Dios nos había transformado en una nueva iglesia y una nueva congregación que podía administrar este manto. Con cada cambio desde ese punto en adelante, Dios continuamente nos formaba y volvía a formarnos en nuevas personas (nos llevaba de fe en fe y de gloria en gloria) que podían manejar el mover de su Espíritu y su sentir por la transformación de la comunidad que nos rodeaba.

Aunque sé que no cualquiera puede hacer estos cambios con nosotros, descubro que las cosas nuevas en Dios son emocionantes. Me gusta lo nuevo, incluso en lo natural: ropa nueva, zapatos nuevos, vehículos nuevos, casas nuevas. Cuando usted va a la tienda y compra algo nuevo, le hace sentir bien. Una camisa nueva, una corbata nueva, una apariencia nueva, un sonido nuevo; me gustan las cosas nuevas porque nos estimula y nos mantienen emocionados. Hacen que valga la pena vivir la vida.

La gente que lo conoció a usted cuando...

Muchas veces citamos 2 Corintios 5:17 ("De modo que si alguno está en Cristo, nueva criatura es; las cosas viejas pasaron; he aquí todas son hechas nuevas") cuando hablamos de la salvación; sin embargo, esto aplica a todos los niveles de novedad que Dios nos trae a lo largo de nuestra vida con Él. Las cosas viejas pasaron. Usted se vuelve una nueva criatura. Se vuelve diferente. *Todas* las cosas se vuelven diferentes. Cada parte de su vida cambia. La forma en que ve las cosas se renueva. La manera en que usted vive se renueva.

A veces a la gente le gusta ponerlo a usted dentro de una caja y trata de que se quede allí porque sabe cómo era hace cinco o diez años. Esas personas quieren inutilizarlo y limitarlo. Dicen: "Ah, yo te conozco. Recuerda cuando eras esto y cuando eras aquello". No quieren dejarlo ir porque no pueden entender el cambio.

Pero Dios dice: "No, no voy a permitir que te estanques. No voy a dejar que seas limitado por lo que la gente piensa. Haré algo nuevo. Te apartaré de esa limitación y de esa caja. No voy a dejar que la gente te ponga en una caja y te deje allí".

A veces, la peor gente para lidiar es aquella que le ha conocido por más tiempo. Cuando usted sale de la casa o del lugar donde todos son más conocidos, se le celebra. Cuando regresa a casa, es como que usted es un "don nadie". Una vez, fui a la India, y ellos celebraron mi llegada con fuegos pirotécnicos. Eso nunca me había pasado. Ellos dijeron: "Antes de que entres a la iglesia, ven afuera". Cuando iba a entrar al edificio para ministrar, ellos empezaron a lanzar fuegos artificiales. Eso generalmente sucede el 4 de julio. Me sentí muy especial, hasta esperaba oír el himno nacional.

Luego, cuando regresé a Chicago, la gente no estaba emocionada: "Ah, ese es John Eckhardt. Lo conocimos cuando salía en el Canal 38, en el programa de televisión *Perfecting the Saints*. Sí, él es pastor de la iglesia de liberación allá, en la 38 y Michigan. Sí, lo conocemos". Estas eran las personas que no me habían visto o hablado en años, pero pensaban que me conocían. ¿Alguna vez ha pasado por algo así? Me recuerda el versículo que dice: "ningún profeta es acepto en su propia tierra" (Lucas 4:24).

Hay Alguien que verdaderamente lo conoce a usted. Él conoce su final desde su principio. Él conoce las épocas por las que atraviesa. Él sabe los cambios por los que pasa. Él recuerda cuando usted fue salvo y cuando fue bautizado en el Espíritu Santo. Él recuerda cuando usted recibió el llamado al ministerio. Él lo conoce a usted tan bien que sabe cuándo es el momento de hacer algo nuevo en su vida. Él también sabe cómo cambiarlo para eso nuevo. ¿Puede confiarle a Él estos nuevos cambios? ¿Puede confiar en Él cuando la gente que quiere que usted siga igual empiece a hablar en contra de lo que Dios está haciendo en su vida?

¿Puede imaginar lo que los hermanos de José pensaban cuando lo vendieron? (Vea Génesis 37 y 42 para esta porción de la historia de José.) Él era más joven que sus hermanos, y ellos se habían disgustado con él cuando les contó su sueño. Pero, años después, ellos terminaron frente a José, quien era el primer ministro de Egipto. Él no era el mismo José que ellos tiraron al pozo. Él no era el mismo joven que ellos conocían cuando lo vendieron a los egipcios.

Mire, algo nuevo venía a la vida de José. Dios primero se lo dijo a él, luego orquestó su vida de manera que lo preparara para manejar lo que le había mostrado en el sueño. Dios lo llevó de la casa de Potifar a la prisión del palacio.

Cuando José les contó a sus hermanos sobre lo nuevo que Dios iba a hacer y que ellos se inclinarían ante él, se enojaron. Sin embargo, años después, allí estaban ellos, viviendo en una profecía cumplida e inclinándose ante su hermano, el primer ministro. Dios lo había cambiado, y ellos estaban asustados y pensaron que estaban en problemas por la manera en que lo habían tratado. Todo había cambiado en la vida de José, incluso sus antiguas relaciones.

A veces, los cambios así son muy difíciles para las personas. Pero resistirse al cambio, incluyendo la resistencia a aumentar e ir a un nuevo nivel, nos hace resistirnos a las cosas nuevas que Dios quiere hacer. Quiero animarle a mantenerse dispuesto. Las cosas nuevas valen el riesgo de perder lo viejo. Deje que Dios lo haga todo nuevo.

EL MISMO LUGAR, LOS MISMOS PROBLEMAS

Estar en un lugar en su vida donde no sucede nada nuevo, se siente terrible. Es como si estuviera estancado en el mismo lugar con los mismos problemas. Si va a tener problemas, al menos deje que sean nuevos. Suena gracioso y quizás se ría y diga: "Yo no quiero ningún problema nuevo". Pero ¿qué hay de este nuevo problema?: ¿Sabe que hay ciertos problemas que vienen con ser pobre? Hay otro juego de problemas distinto que viene cuando usted recibe mucho dinero. ¿Prefiere tener problemas de rico o problemas de pobre? Con los problemas de pobre, usted no puede pagar sus cuentas, puede estar en riesgo de perder su casa y nadie responde sus llamadas porque no quiere prestarle dinero. Con los problemas de rico, todo el mundo lo llama.

Algunos de nosotros hemos tenido los mismos problemas durante los últimos quince años. ¿No sería maravilloso estar en un lugar diferente en la vida donde sucedieran nuevas cosas, incluso con los nuevos niveles de problemas y responsabilidades que los acompañan? Sí, obtenga algunos problemas de ricos. Obtenga algunos problemas como los de los ricos y famosos. Sí, ellos también tienen problemas.

Cuando usted obtiene riqueza, tiene que manejar su dinero. Ese puede ser un problema. Todos quieren su dinero. Quizá hasta necesite guardias de seguridad porque tiene demasiado. Usted sabe, hay gente famosa que no puede ni siquiera ir a una tienda. Tienen que cerrar las tiendas para que ellos puedan comprar a gusto. Algunos se disfrazan para ir de compras. ¿Se imagina tener que disfrazarse solo para ir de compras porque todos quieren su autógrafo o una fotografía con usted? Si usted es como yo y como algunas personas que conozco, tiene el problema opuesto. Cuando nosotros vamos a la tienda, no podemos encontrar quién nos ayude. Tenemos que preguntar: "¿Hay alguien aquí? ¿Cuánto cuesta esto? ¿Quién trabaja aquí?". Ellos no nos prestan atención.

Estoy haciendo una broma con esto, pero el punto es que con las cosas nuevas vienen nuevos niveles de preocupación y responsabilidad. Algunas personas hasta evitan las cosas nuevas precisamente por eso. Ellos preferirían quedarse donde están en la vida que llevan, sin cambios. Quieren mantener los mismos problemas que tienen. No quieren que nada cambie. Por esta razón debemos ser transformados, para que estemos dispuestos a recibir las cosas nuevas que Dios tiene para nosotros.

PERMITA QUE DIOS HAGA ALGO NUEVO

Cuando Dios planea hacer algo nuevo en nuestra vida, Él también tiene un plan para renovarnos a nosotros. No podemos permanecer iguales si permitimos que Dios haga algo nuevo. Quizá tengamos el mismo nombre y podríamos vernos físicamente igual, pero no somos los mismos. Algo sucede. Dios nos cambia. Una de las peores cosas es cuando veo personas después de mucho tiempo y nada ha cambiado en su vida. Todavía dicen las mismas cosas, todavía creen en lo mismo. No hay crecimiento y no hay perspectiva nueva. Están cerrados a que Dios haga algo nuevo en su vida.

Yo siempre quiero que Dios haga algo nuevo en mi vida. No soy el mismo pastor y predicador que era hace veinticinco años. Dios ha hecho algo en mi vida. Él ha traído cosas nuevas a mi vida, y Él me ha cambiado debido a ellas.

Uno de los mejores halagos que uno puede recibir es cuando alguien dice: "Te ha sucedido algo nuevo. Pareces diferente. Dios ha hecho algo nuevo. Lo percibo en ti". No es que usted esté tratando de impresionar a alguien, pero ellos pueden percibir que Dios ha hecho algo nuevo. Eso es bueno. No significa que donde usted estaba era malo. Sencillamente significa que a medida que avanza y crece en Dios, los cambios en usted son evidentes. Usted es un testimonio del hecho de que Dios siempre tiene algo nuevo y fresco que quiere hacer en nuestra vida.

En nuestro mundo, las cosas siempre están cambiando. Las empresas, los gobiernos, las naciones y hasta las generaciones cambian. Sin embargo, a veces, como creyentes no cambiamos en realidad, y como resultado nos volvemos obsoletos, atrasados y pasados de moda. Perdemos frescura y luego nos preguntamos por qué no crece la iglesia. Le animo a que se rinda a Dios mientras Él obra para transformarlo en una nueva persona que pueda moverse en nuevas cosas. Le animo a estar dispuesto a ser parte de un movimiento en vez de convertirse en un monumento. Si nos resistimos a las cosas nuevas de Dios, es fácil volvernos obsoletos.

La gente necesita cambio; necesitan algo nuevo y lo buscan. No van a entrar a un edificio donde entonan las mismas canciones antiguas y sonidos que tenían hace treinta años. Ellos quieren algo fresco y nuevo porque han cambiado. Sin embargo, muchas veces, nuestras iglesias se quedan estancadas; la presentación continua igual, y nos perdemos de lo nuevo y de estar dispuestos a recibir a las nuevas personas que necesitan las cosas nuevas de Dios en su vida.

DIOS DE LO NUEVO

A Dios le gustan las cosas nuevas. Él es el Dios de lo nuevo. Tendemos a pensar que, porque Dios es anciano (Daniel 7:9 dice que Él es el Anciano de Días) y ha vivido por siempre, de alguna manera, eso significa que Él está atascado en el pasado. Sin embargo, Dios es un Dios que crea cosas nuevas. Él hace que el sol salga, y siempre hay un nuevo día. Siempre hay un nuevo atardecer. Siempre hay una nueva primavera. Siempre hay un nuevo verano. Siempre hay un nuevo otoño. Siempre hay una nueva época. Siempre hay una nueva generación. Siempre hay niños nuevos, frutos nuevos, flores nuevas y plantas nuevas. Siempre hay algo nuevo porque Dios incluso creó la tierra para que represente la parte de su carácter que siempre desea novedad. Tal como es en lo natural, así es en el espíritu.

Mientras ha estado leyendo este libro, e incluso mientras podría estar pasando una temporada difícil, oro que su fe se fortalezca para que pueda escuchar y recibir esta palabra: Dios está por hacer que algo salga a luz en su vida, algo que nunca ha tenido. Su temporada de invierno ha terminado, una nueva temporada de primavera se acerca. Está a punto de surgir. Se lo profetizo hoy. Prepárese para algunas cosas nuevas que van a ser liberadas en su vida. Prepárese para la primavera que viene tanto en lo natural como en el espíritu.

USTED NECESITA COSAS NUEVAS EN SU VIDA

Estoy aprendiendo esto: mientras más viejos nos hacemos, mayor es nuestra necesidad de cosas nuevas en nuestra vida. Estas nos mantienen andando. La edad es física, pero su mentalidad también tiene mucho que ver. Usted puede empezar a pensar y actuar como viejo. Puede pensar que ya hizo todo y que no hay nada nuevo para hacer o experimentar; lo ha hecho todo y lo ha visto todo. Ha estado en todo tipo de servicios eclesiásticos. Ha escuchado a los mejores predicadores ministrando bajo unciones poderosas. Ha visto demostraciones poderosas de la imposición de manos donde la gente cae bajo el poder de Dios. Ha visto gente sanar y ha escuchado profecías maravillosas. Ha leído todos los libros, escuchado todas las grabaciones, escuchado todas las enseñanzas y ha estado en todos los talleres. No hay nada más. Lo ha hecho todo. Esta es la clase de personas que veo dormirse en la iglesia.

Eso no está bien. ¿Dónde está la apertura? ¿Dónde está la disposición de aprender? ¿Dónde está la humildad? Ninguno de nosotros lo sabe todo. Ninguno de nosotros lo ha hecho todo. Siempre hay más. No se estanque en este lugar. Estar abierto a Dios y a las cosas nuevas que Él quiere hacer nos mantiene jóvenes y vibrantes en el espíritu, humildes y celosos en la presencia de Dios. No permita que el enemigo lo engañe para que piense que no hay nada más para usted y que ha experimentado todo lo que hay. Usted será como muchos otros que se han colocado a sí mismos en tronos de leviatán, un lugar alto donde se ve a sí mismo habiendo experimentado todo lo que hay para experimentar en Dios.

Cuando maduramos en Dios, todavía podemos disfrutar de lo nuevo que Él está haciendo. Puede ser viejo en lo natural, pero joven en el espíritu si se mantiene dispuesto a cosas nuevas. He visto personas de setenta y ochenta años que todavía alaban a Dios, danzan de un lado a otro en los corredores, disfrutan de lo nuevo de Dios. Me bendice ver miembros mayores que todavía profetizan y reciben la palabra del Señor. Ellos no se han jubilado ni dado por vencidos. Continúan manteniéndose en una atmósfera donde son desafiados a creer que Dios va a hacer algo nuevo y fresco en su vida y en la vida de quienes los rodean. Siempre están dispuestos para recibir lo nuevo que Dios hace. Me gusta eso.

USTED NECESITA UN AMBIENTE NUEVO

Lo animo a que mire su ambiente. ¿Se encuentra en un lugar que lo desafía a creerle a Dios por algo nuevo? Mencioné que una atmósfera profética fuerte, donde la gente está siempre buscando escuchar a Dios, es donde siempre hay una alta expectativa por algo nuevo. En un ambiente donde la palabra del Señor fluye libremente y sin impedimento, usted no podrá estar deprimido por mucho tiempo. Justo cuando se encuentra en su punto más bajo, está desanimado, nada se mueve, usted piensa que se acabó y todo parece muerto, allí es cuando alguien surge y le dice: "Así dice el Señor: aún no está terminado. Dios dice que Él va a hacer esto y aquello en su vida".

A veces, esa palabra lo impacta en el centro de su ser y cae en llanto porque reconoce que Dios no se ha olvidado de usted. El diablo puede haberle dicho que Dios había terminado con usted, que nada sucedería y nada cambiaría. Él tal vez estuvo murmurándole al oído, y usted estuvo de acuerdo con él hasta que el profeta aparece y le da una palabra del Señor. Una palabra en el momento correcto le sacudirá algo en su vida y hará que vuelva a creer. Le fortalecerá. Traerá un viento fresco. Le refrescará en los sequedales.

Tal como Dios ha prometido, Él va a poner agua en su sequedad. Él va a hacer que fluyan arroyos y ríos donde no había agua ni vida. Donde había muerte y esterilidad, Él hará que brote vida nueva. Me gusta eso. Este es el tipo de inspiración que encontrará en compañía de profetas y creyentes proféticos.

Vaya a una iglesia que crea en el ministerio profético y en entregar la palabra del Señor. Deje que alguien le ministre y pronuncie la palabra del Señor sobre su vida. Que lo profético le ministre e inspire en esta nueva época. La profecía es para edificación y desarrollo de unos a otros.

LO NUEVO SE TRATA DE LA GLORIA DE DIOS REVELADA EN USTED

No me importa en qué clase de pozo o prisión se encuentra en esta época; Dios cambiará su situación y hará algo nuevo en su vida. Así como lo hizo con José, Dios lo pondrá en un lugar donde sus hermanos ni siquiera lo van a reconocer. Algunas personas podrían enojarse cuando vean lo que Dios va a hacer en su vida. Pero no es usted, sino Dios quien lo hace. Él ha tenido un plan para su vida desde la fundación del mundo. Y cuando usted llegue a ese lugar y vea a la gente que se burló de usted, se rio, lo vendió y habló contra el plan de Dios, usted podrá perdonarlos, bendecirlos y ministrarlos, tal como lo hizo José.

Si todavía no lo ha entendido, permítame explicárselo: Esto nuevo que Dios quiere hacer no se trata solamente de usted; se trata de Él. No se trata de que usted sea grande. Se trata de los propósitos de Dios. Él no lo hace solo por usted. Lo hace para sí mismo.

Dios tiene planes que necesita cumplir en la tierra, y Él necesita gente nueva, gente libertada y restaurada, que se asocie con Él para que sus planes bajen del cielo a la tierra. Dios tiene algunas cosas que necesita hacer en Estados Unidos y alrededor del mundo, y Él no puede hacerlo con el odre viejo. Él necesita odres nuevos. Él tiene que derramar algunas cosas nuevas en usted y, en este momento, usted no puede manejar las cosas nuevas que Él quiere hacer. Si Dios derramara vino nuevo en usted ahora, usted explotaría. Dios tiene asignaciones y encargos que entregarle que usted no puede completar en la condición en la que se encuentra y con la mentalidad que tiene.

Dios está diciendo: "No puedo usarte así como estás. La manera en que piensas, crees y actúas, el nivel en el que te encuentras, no puedo usarte en este momento. Lo que tengo para ti es mucho más grande y mucho más maravillosos, y tú todavía no puedes funcionar en ello. Hay algunos lugares a donde quiero que vayas, pero todavía no estás listo para eso. Hay algunas puertas que quiero abrir para ti, pero no estas preparado para pasar por ellas. Hay algunas personas con quienes quiero que hables, pero todavía no estás en el nivel para hacerlo". Dios tiene algunas asignaciones que son elevadas, y que usted no puede andar en ellas justo ahora, sin primero haber sido transformado.

Sin embargo, una vez haya cambiado, lo nuevo no será retrasado. Saldrá a luz. Usted pasará a su nueva asignación. Podrá hacer lo que no podía antes. Entrará a lugares donde no podía entrar antes. Repito, este es el propósito del desierto o del lugar seco. Es perfeccionarlo en humildad, sabiduría, compasión perdón, paciencia, perseverancia y todo fruto del Espíritu que necesita para poseer y mantener lo nuevo y llevarle gloria a Dios.

Cuando entienda esto, entonces Él le dará revelación, poder, unción, habilidad y favor nuevos. Ya que usted se ha alineado con Dios, las cosas nuevas van a salir a luz en su vida. La tierra seca será regada. La productividad, el favor, la gracia, el incremento, la bendición y la prosperidad volverán, y usted presentará un nuevo nivel de alabanza. Volverá a profetizar y las ventanas de los cielos serán abiertas para usted.

ORACIONES PARA ACTIVAR LO NUEVO

Señor, declaro que las cosas pasadas han terminado.
Ahora, recibo lo nuevo que tú sacas a luz. (Isaías 42:9).

———————— ✤ ————————

No recordaré las cosas pasadas,
ni traeré a memoria las cosas antiguas.
Veo hacia las cosas nuevas que el Señor hará.
Saldrán a luz incluso ahora
(Isaías 43:18–19).

———————— ✤ ————————

Recibo lo nuevo de este tiempo y no lo que fue
creado hace mucho. Incluso, recibo las cosas
ocultas que no conozco (Isaías 48:6–8).

———————— ✤ ————————

Soy una nueva criatura en Cristo. Las cosas viejas
pasaron. Todas son hechas nuevas (2 Corintios 5:17).

———————— ✤ ————————

Cantaré al Señor un canto nuevo, pues Él ha
hecho cosas maravillosas (Salmo 98:1).

———————— ✤ ————————

He aquí, tú haces todas las cosas
nuevas (Apocalipsis 21:5).

Señor, saca de tus tesoros cosas nuevas
para mí (Mateo 13:52).

─────────── ❧ ───────────

Señor, pon vino nuevo en odres nuevos para mí
para que ambos se conserven (Lucas 5:38).

─────────── ❧ ───────────

Busco los cielos nuevos y la tierra nueva
que tú has prometido (2 Pedro 3:13).

─────────── ❧ ───────────

Señor, pon dentro de mí un corazón y un
espíritu nuevos. Quita mi corazón de piedra
y dame uno de carne (Ezequiel 36:26).

─────────── ❧ ───────────

Que mis graneros sean llenos y mis lagares
rebosen de mosto (Proverbios 3:10)

─────────── ❧ ───────────

Me visto del nuevo hombre, creado a imagen de Dios
en rectitud y santidad verdadera (Efesios 4:24).

─────────── ❧ ───────────

Me limpio de la vieja levadura para ser
una masa nueva (1 Corintios 5:7).

Por el camino nuevo y vivo, me acerco
a Dios con un corazón sincero, en plena
certidumbre de fe (Hebreos 10:20–22).

Señor, escríbeme un mandamiento nuevo porque las
tinieblas han pasado y la luz verdadera brilla (1 Juan 2:8).

DECLARACIONES Y DECRETOS POR COSAS NUEVAS

Señor, creo que tú eres el Dios de lo nuevo,
y declaro nuevos comienzos hoy. Cosas nuevas
empezarán a salir a luz en mi vida.

Como lo declaro y lo decreto, creo que
me sucederán cosas nuevas.

Esta es una época nueva. Es un día nuevo. Es
un tiempo nuevo. Lo decreto ahora.

Pronuncio sobre mi vida una nueva fortaleza,
nuevo poder, nueva autoridad y nuevo gozo.

Declaro sobre mi vida visión nueva, sueños
nuevos, ideas nuevas, pensamientos nuevos,
mente nueva y una nueva manera de pensar.

Favor nuevo viene sobre mí.

Nueva gracia, nueva misericordia, nueva compasión,
nuevo amor, nueva fe y nueva esperanza vienen a mi vida.

Declaro y decreto que tendré relaciones nuevas, gente
nueva, amigos nuevos, oportunidades nuevas, almas
nuevas y que puertas nuevas se abren para mí.

En el nombre de Jesús vienen a mí nuevas finanzas,
nuevos negocios, nueva prosperidad y nuevo dinero.

Decreto que nuevos cantos, nueva alabanza,
nueva adoración, nueva unción, nuevos
avances, nuevos niveles, nueva revelación, nuevo
entendimiento, nueva sabiduría. Que todo eso
sea liberado en mi vida, en el nombre de Jesús.

Y para tu iglesia, oh Dios: nuevo aliento, nuevo viento, nuevo espíritu, nuevo mover de Dios, nuevos sonidos, nuevos ministerios, nuevas personas, nuevas almas, nuevas enseñanzas, nueva música, nueva gloria, nuevos milagros, nuevas señales, nuevas maravillas, nuevas sanidades, nuevas liberaciones, nuevas salvaciones, nuevos miembros, nuevos equipos surgirán y más. Que sean liberados.

Y para tu pueblo: nuevos vehículos, nuevos hogares, nuevas ropas, nuevos trabajos, nuevas cosas, nuevos negocios, nueva tierra, nuevas propiedades, nuevas cuentas, nueva belleza, nueva gloria, nuevo honor, nuevas posiciones, nuevos mantos, nuevas asignaciones, nuevos encargos, nuevo lenguaje de oración, nuevas lenguas, nueva audacia, nueva valentía, nueva capacidad y nuevos dones, en el nombre de Jesús, sean liberados.

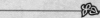

Y para tu reino: nuevas naciones, nuevas ciudades, nuevas regiones, nuevos territorios y nuevas iglesias sean liberadas.

Padre, creo que tal como declaro y decreto, estas cosas nuevas empezarán a manifestarse desde hoy y en los días, meses y años venideros.

Yo creo que tú harás algo nuevo en mi vida. Lo viejo ya pasó. Lo nuevo está surgiendo. Nuevas bendiciones están siendo liberadas en mi vida, en el nombre de Jesús.

Con mis palabras y con mi boca, declaro cosas nuevas, en el nombre de Jesús, y creo, espero y procuro que estas cosas nuevas sean establecidas.

UNA ÉPOCA NUEVA

POEMA PROFÉTICO POR JOHN ECKHARDT

Los que se preparan para lo nuevo
Entrarán y atravesarán un portón nuevo.

En un nuevo lugar estarás
Y de mi mando lo mejor recibirás.

Un lado de mí, que nunca habías visto,
    conocerás.
Mi gloria verás y aún más bendiciones
    recibirás.

Esta es la época en que vas a ver.
Las cosas por las que has creído para ti
    florecer.

El tiempo que han invertido en adoración,
    no ha sido un desperdicio.
Estos tiempos han demostrado que están
    verdaderamente a mi servicio.

Puesto que a mí pertenecen, les mostraré
Mis bendiciones y favor verdaderamente les
    enseñaré.

Así que, escogidos míos, regocíjense y entren
    en nuevas épocas,
Y disfruten de las bendiciones venideras que
    no son pocas.

Les hablo a aquellos que tienen oídos para oír,
Y, por mi Espíritu, los hago venir.

Entonces, sigan adorando en la época nueva
Y vean las maravillas que haré.

NOTAS

CAPÍTULO 1: SU NOMBRE ES FAVOR

1. "¿Cuántas espsosas tuvo el Rey David?", GotQuestions.com, consultado el 2 de mayo, 2018. 3 www.gotquestions.org.
2. Blue Letter Bible, s.v. "Commentary on 1 Kings 11," consultado el 2 de mayo, 2018, www.blueletterbible.org.
3. Blue Letter Bible, s.v. "Channah," consultado el 2 de mayo, 2018, www.blueletterbible.org; s.v. "chanan," consultado el 2 de mayo, 2018, www.blueletterbible.org.
4. Letter Bible, s.v. "chen," consultado el 2 de mayo, 2018, www.blueletterbible.org; s.v. "charis," consultado el 2 de mayo, 2018, www.blueletterbible.org.
5. Blue Letter Bible, s.v. "charisma," consultado el 2 de mayo, 2018, www.blueletterbible.org.
6. Oxford Living Dictionaries, s.v. "favor," consultado el 23 de agosto, 2017, https://en.oxforddictionaries.com.
7. David Reagan, "Favor of God," Learnthe Bible.org, consultado el 23 de agosto, 2017, www.learnthebible.org.
8. Diccionario Merriam-Webster en línea, s.v. "favor," consultado el 2 de mayo, 2018, www.merriam-webster.com.
9. John Eckhardt, *Ridiculous Favor* (Ministerios John Eckhardt).
10. John Eckhardt, *El pacto de Dios con usted para su rescate y liberación* (Casa Creación).
11. Blue Letter Bible, s.v. "heykal," consultado el 2 de mayo, 2018, www.blueletterbible.org.
12. Blue Letter Bible, s.v. "barak," consultado el 2 de mayo, 2018, www.blueletterbible.org.
13. Emily Barnhardt, "Weeping in Worship," Joyful31.com, 5 de mayo, 2016, http://joyful31.com.

CAPÍTULO 2: CUANDO LA DESESPERACIÓN SE VUELVE SU AMIGA

1. Blue Letter Bible, s.v. "`anag," consultado el 2 de mayo, 2018, www.blueletterbible.org.

CAPÍTULO 3: EL PODER DE SER CONSTANTES EN LA ORACIÓN
1. Diccionario Merriam-Webster en línea, s.v. "devote," consultado el 2 de mayo, 2018, www.merriam-webster.com.
2. Ver John Eckhardt, *Inquebrantable* (Casa Creación) y John Eckhardt, Destruya el espíritu de rechazo (Casa Creación).
3. Thomas Hauser, "The Unforgiven," *The Guardian*, 3 de septiembre, 2005, /www.theguardian.com.

CAPÍTULO 4: ATRAVIESE
1. Blue Letter Bible, s.v. "yashab," consultado el 2 de mayo, 2018, www.blueletterbible.org.
2. Diccionario Merriam-Webster en línea, s.v. "inhabit," consultado el 2 de mayo, 2018, www.merriam-webster.com.

CAPÍTULO 5: MIL VECES MÁS
1. Blue Letter Bible, s.v. "Deuteronomy," consultado el 2 de mayo, 2018, www.blueletterbible.org.

CAPÍTULO 7: CUANDO LLEGA LA GLORIA
1. Blue Letter Bible, s.v. "'erets," consultado el 2 de mayo, 2018, www.blueletterbible.org.
2. John Eckhardt, *Oraciones que derrotan a los demonios* (Casa Creación).
3. Eckhardt, *Oraciones que mueven montañas,* (Casa Creación).

CAPÍTULO 8: LAS ORACIONES DE LOS SANTOS
1. "The Court of the Women in the Temple," Bible-History.com, consultado el 30 de abril, 2018, www.bible-history.com.
2. "The Court of the Women in the Temple," Bible-History.com.

CAPÍTULO 9: LUEGO, VIENE EL AVIVAMIENTO
1. Eckhardt, *Oraciones que mueven montañas,* (Casa Creación).

JOHN ECKHARDT

CASA CREACIÓN

Para vivir la Palabra

 /casacreacion
www.casacreacion.com

JOHN ECKHARDT

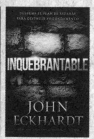

Para vivir la Palabra

/casacreacion
www.casacreacion.com

Te invitamos a que visites nuestra página web, donde podrás apreciar la pasión por la publicación de libros y Biblias:

www.casacreacion.com

f @CASACREACION

@CASACREACION

@CASACREACION

Para vivir la Palabra